雕琢人生

海派黄杨木雕传承人访谈录

华东师范大学中国非物质文化遗产保护研究中心 主编

《雕琢人生》
编委会

指导

上海市徐汇区人民政府长桥街道办事处

策划

胡寅蛟　郭竞　毛玲莉　孙伟

编写人员

郭竞　毛玲莉　孙伟　沈梅丽　俞悦

序

黄杨木雕，因以黄杨木为雕刻材料而得名，在传统木雕中单列一类，足见其材质与工艺的独到之处。小叶黄杨作为优质的雕刻材料，木质坚韧细腻，几乎无"毛孔"且富含蜡质，有众多木材难以媲美的温润光洁，素有"木中象牙"之称。这类木材多生长于高山峻岭和悬崖峭壁之间，产地主要分布在湖北神农架、浙江南部、福建及四川等地。黄杨木不仅生长环境严苛，成材时间也十分漫长，直径20厘米的天然根材，百年难成，所以民间有"千年难长黄杨木"的说法。

由于尺寸的限制，在我国漫长的木材使用历史中，黄杨木以不易开裂、虫蛀等优良特质，多被用于细巧精致的木工领域，或以镶嵌拼接的形式出现在木构件或家具装饰中。1972年长沙马王堆一号墓出土的一把黄杨木梳篦，宽仅5厘米，74齿，分齿工整均匀，可见先秦时期已有较成熟的黄杨木制品。唐代以来，黄杨木被用于雕版印刷中雕刻精细文字和插图。随着葬仪木俑、宫苑寺庙及佛像建造等领域对木雕技艺的推动，黄杨木雕刻也得到了长足的发展。至宋元时期，黄杨木雕各类技艺已臻成熟，并成为一门独立的工艺品类。北京故宫博物院收藏的元至正二年（1342）黄杨木雕《铁拐李》，是现存年代较久远的黄杨木雕圆雕人物精品。

明清时期黄杨木雕发展至鼎盛，在建筑装饰、宗教神像、赏玩陈设等各个种类中都精品频出。尤其清末以来，随着技艺的精进和题材的突破，黄杨木雕逐渐从日用品、宗教用品、装饰品向高级工艺品、艺术品发展转化。当时在浙江温州、乐清地区涌现了一批黄杨木雕艺人，以精湛技艺和深厚底蕴助推黄杨木雕走向小型人文精品，推出了一批具有江南意蕴的黄杨木雕佳作。其中花卉鱼虫、笔筒、瓜果、如意等具有吉祥意象的案头摆件，精巧雅致，刀法清澈，光滑圆转；而神仙人物、戏曲人物，气韵悠然，意境深远。尤其以朱子常为代表的温州雕刻名家，创造了黄杨木雕富有江南人文气息的审美风格。

乐清黄杨木雕一个重要的艺术源头或来自当地久远的民俗文化和雕刻艺术——龙档，俗称"凳板龙""灯板龙"等。据传元代以来，在元宵期间，当地群众将其作为游行表演的道具，祈福消灾，娱神娱人。乐清龙档由一段段装饰精美的板凳拼接出宏伟绚丽的龙形，每一段龙身上除了装饰有浮雕、镂雕技艺的吉祥图案、奇珍瑞兽，主体核心是一组组根据戏曲典故创作的木雕人物，或单个，或多个拼组，好似一台台折子戏，在精雕细琢的龙身上奇幻上演。乐清黄杨木雕与很多民间工艺美术一样，受到地方文化深厚的滋养，在江南文化特有的天人观、生命观影响下，师法自然，雕刻道心，是黄杨木雕近900年的历史上的一颗硕果。温州籍国学大师南怀瑾也曾感叹家乡的黄杨木雕艺术之玄妙精湛：

"凡心之所念，目之所视，盈天地之间事物，莫非我刀钻斧斤所刻造之影像而已。技而臻此，则乐而忘我，神而外物，视天地万物如一刻雕，人我是非皆泯然无为矣。此则所谓技而进乎道者矣。"

与此同时，进入20世纪，在中西方文化频繁交融碰撞的上海，在一种全新的文化环境和艺术氛围浸染之下，黄杨木雕的创作理念和雕刻技法再次悄然演进。以徐宝庆为代表的一批黄杨木雕从业者，开辟了一条海派风格的艺术之路，并很快令其成为现当代木雕艺术领域的又一个重要分支流派。

"海派"的风格，简言之，继承传统，东西融合，开拓创新，融于本土，其源头始于近现代一支重要的国画画派——"海上画派"。上海自开埠以来，中西艺术交流频繁，各地画派碰撞激烈，在此基础上孕育而生的海上画派，不但名家汇集，颇具时代影响力，也受到市场的认可和追捧。海上画派对传统中国画进行了大胆的改革和创新，体现时代的生活气息，并融合外来艺术技法，创作出属于时代的艺术语言——这也正是之后海派黄杨木雕最重要的艺术基因。而使得这一艺术风格得以继承与延续的一个重要支点，便是近代中国西洋画之摇篮，上海土山湾。

土山湾作为西方文化及艺术进入中国的一个重要窗口，在早期西画东渐的历史脉络中，起到了推陈出新的作用，不仅影响了众多海上画派的知名画家，也培养了很多专业领域的技艺人才。从1864年到1934年，土山湾共收养孤儿3000人左右。传教士在创设孤儿院的同时，还办起了工场，孤儿们在画馆、印书馆、木工部、五金部、照相部、风琴作、中西鞋作里学习绘画、印刷、木工、雕刻、镀金等技艺。而少失怙恃的徐宝庆也是在7岁时进入了土山湾孤儿院，学习绘画、打样、铜匠、木雕、木器家具设计，及西洋绘画、雕塑和雕刻等，并在1944年满师毕业，成为一名极具天赋的黄杨木雕艺人。

土山湾中西交融的环境中，西方的艺术理念和江南能工巧匠的实践经验让徐宝庆对木雕有了新的认识，也让他在潜移默化中形成了描摹生活的艺术视角，开创了黄杨木雕的新风格：源于生活的写实主义，立足求新的创作思想，情节生动、幽默风趣的艺术构思，娴熟独特的用刀技巧。将西方写实的艺术理念同中国传统雕刻技法结合起来，传统题材与现实题材并重，讲究寓意表现，善于捕捉生活中的生动瞬间，具有浓郁的生活气息和地方文化韵味。

海派黄杨木雕作品，有新的艺术语言：团块式的构图，层次丰富、结构严谨、主次有序、造型具有节奏感，不同于传统木雕散点构图的平铺直叙，作品引人入胜；写实的艺术风格，突破了过去以民间戏曲等为主要源泉的程式化创作，在新时代，用新的表现手法，歌颂真实生活中的人事物，传递全新的情绪色彩，极具感染力和人文情怀。徐宝庆本人也很钟情小型的雕刻作品，因为可以更自由表达创作的美感，准确地浓缩创作的意图。

1961年后，随着上海工艺美术学校黄杨木雕班的开设，新的工艺美术教学体系逐渐形成。海派的风格也得到了更好的延续与发挥。这样的教学方法不再是传统的师徒相传，也不仅仅限于技巧的学习，而是建立在现代人文与科学教育之上，通过学习大师，表现自我的思考和个性。当时的海派黄杨木雕精品涌现，不论教师还是学员，他们都走向了广阔的世界，走进生活中的人群，创作属于人民和新时代的作品。这样的艺术追求和创新理念至今令人动容⋯⋯

而如今，在我们眼前的一尊尊历经岁月抛光披上温润包浆的黄杨木雕作品，它们标记着不同代际的从业者们在百年的历程中所做的努力与创新。他们用一生打磨的作品无言却生动地讲述着各自人生的经历和创作之路，以及那些足以影响他们人生轨迹的时刻：

·1944年，满师毕业的徐宝庆18岁，他可以自由出入土山湾孤儿院，独自闯荡生活了。但他意识到，继续雕刻传统西方宗教题材的"老套子"这个思路不对！不能只走熟能生巧的老路，复刻千篇一律的"产品"。

他要创造自己的东西！要把西洋的艺术、西洋的雕刻，改为中国式的……

·1956 年夏，高中毕业的侯志飞忐忑地敲开了徐宝庆的家门，这个腼腆的上海男孩担心自己是否还能拜师成功……徐宝庆热情地接待了他，语重心长地告诉他木雕的艰辛。但这个对木雕充满热情和期待的男孩没有犹豫，决定坚守在师父的工作台前，追随黄杨木雕的艺术之路，这一路，就是一生……

·1957 年春节，在温州老家从事传统木雕的林翊，偶然看到了几件来自上海的不太一样的黄杨木雕：夸张又合理的动作，生活化的场景，团块式构图玲珑巧妙，暖暖的生活气息扑面而来……他心中翻起了波澜，那是长久以来朦胧又激烈的创作热情！受到强烈的感召，他决定抛下已有的工作，奔赴上海，去追随作品的主人徐宝庆……

·1961 年秋，上海工艺美术学校首届黄杨木雕班开班，这是新中国成立后师资配备最强的工艺美术专业之一，最终仅 20 名学员入选，其中就有毛关福。校内的学习氛围热烈而紧张，毛关福必须更加刻苦，不断打磨专业技能。最终他获得了专业拔尖的优异成绩，很多作品也广受好评。10 年后，毛关福也接过老师们的教鞭，执教又一批黄杨木雕新人……

·1973 年夏，一列开往萨尔图（大庆油田）的列车上，一群轻装上阵的上海青年兴奋地望向窗外。广袤的黑土地逐渐蔓延，陌生的大地，野性而雄壮。人群中的陈华明，亦难掩激动。在数月的写生中，他们深入前线与后方，和"铁人"们同吃同住，感受着最质朴、最坚韧的劳动。一沓沓画稿，一座座泥塑，伴着粗粝的风声和低沉的号子，谱写出一首首人定胜天的战歌……

·2013 年，黄杨木雕班 70 届学员闻志高，陪伴着耄耋之年的侯志飞，再次走进上海工艺美术职业学院，为重启的黄杨木雕大师班授课。虽然过去的二十多年来，受环境影响，闻志高与同学们不得不放弃专业，另谋他就，但对木雕的热情从未退却。他和他，都还想为海派黄杨木雕的传承尽一份力，不论是三尺讲台，还是木雕案台……

·2011 年，退休在家的常俊杰偶然在《徐汇报》上看到黄杨木雕社区班的招生信息，木作世家的他从年轻时便展现出对木雕的热爱，总爱在家中雕雕画画，却苦于不能精进。于是他迫不及待地报了名，并与授课的陈华明老师结下了深厚的师徒之情，也成了志趣相投的朋友……

· 2007年，在上海打拼十多年的吴贵，从事过木雕工作，开过家具定制工厂，却在一次服务中遭遇了巨大挫折。客户不满足浮雕和中式题材的传统工艺，而厂里的高级技工又无法完成立体圆雕的造型要求。在一筹莫展之际，他遇到人生的又一位贵人，毛关福。在其帮助下，吴贵顺利完成了产品交付，也和毛老师结下了师生之缘，重新开启了自己雕塑与黄杨木雕的艺术之路……

· 2008年，徐宝庆倒在了自己的工作台上，与世长辞。同年，黄杨木雕入选国家级非物质文化遗产代表性项目名录。遗憾与荣誉似乎总是相伴而来……

辉煌、沉浮一甲子，百年雕琢海派魂。希望本书后面的故事能让大家感受到这个领域里鲜活的人和物，触摸到海派黄杨木雕百年的年轮上那一颗颗闪耀的回忆。也希望能有更多的伙伴，加入到学习、实践、传承海派黄杨木雕的队伍中来。

是为序。

目录

序 /001

第一章 聚焦：海派风格积淀 /001

第二章 典藏：匠心意蕴 /018
一、徐宝庆：技出土山湾，天才爱世间 /019
二、侯志飞：以爱谱写黄杨木雕的色彩 /050
三、林翊：以情雕琢，海派薪传 /068
四、毛关福：创作不息，刀耕不辍，雕刻艺术的多面手 /097
五、陈华明：孜孜不倦，薪火传续 /117
六、闻志高：与黄杨木雕的跨世纪重逢 /136
七、常俊杰："白相"海派黄杨木雕 /152
八、吴贵：缘聚海派黄杨木雕 /163

第三章 传承：魅力重现 /175

第四章 实践：流程略述 /198

第一章 聚焦：海派风格积淀

海派黄杨木雕孕化于 20 世纪 30 年代的上海徐汇土山湾，创始人徐宝庆作为土山湾孤儿工艺院的优秀毕业生，将西方雕刻艺术的写实风格与中国传统雕刻技法结合，逐步形成了中西雕刻技法合璧、自成一系的海派黄杨木雕艺术。

晚清时期土山湾孤儿工艺院木工部　　青年时期的徐宝庆

20 世纪 50 年代，徐宝庆带徒传授黄杨木雕技艺。1960 年 4 月 1 日，上海市工艺美术学校成立。1961 年春，黄杨木雕专业首届招生，徐宝庆受聘为该专业兼职教授，从事海派黄杨木雕教学工作。他的徒弟林翊也同时受聘担任黄杨木雕教学工作，形成了上海黄杨木雕专业创作与教学队伍。黄杨木雕专业教学注重美术基础、技术训练和文化素养的综合人才培养。美术基础课程由从事绘画、雕塑、图案等领域创作的教师来教学，技术训练则请各行业常年从事专门工艺技能的手艺人来传授技艺。在具体教学过程中，黄杨木雕专业的学生在技术训练上得到了良好的、循序渐进的训练。低年级从刀具制作学起，重在临摹教学，反复临摹徐宝庆的代表性作品，揣摩、领悟海派黄杨木雕的技艺及文化意蕴。三年级开始学生们可以独立创作，去农村、工厂等地体验生活始终贯穿这两个阶段，目的在于培养学生对现实生活的观察、对时代精神的理解与感悟。艺术源于生活、高于生活，在这一艺术创作思想指导下，黄杨木雕专业培养了一批在上海工艺美术行业中取得卓著成就的人才。黄杨木雕专业第一届学生20人，3人参军，毕业时2人留校，其余都进入上海工艺美术研究室（1997年更名为上海工艺美术研究所）从事创作研究。

2007年海派黄杨木雕入选上海市非物质文化遗产代表项目名录，2008年，黄杨木雕入选第二批国家级非物质文化遗产代表性项目名录。此后，在上海各级政府支持和努力下，海派黄杨木雕得到了有效的保护和传承。长桥街道作为保护单位，培训学员超60人，除了邀请毛关福、陈华明、闻志高等科班人员重启刀锋，加入到海派黄杨木雕的保护传承工作当中，更是在街道培训班中挖掘出了常俊杰、吴贵等优秀的黄杨木雕民间爱好者。回顾海派黄杨木雕近百年的发展历程，实际上在每一个历史阶段，都涌现出了许多风格鲜明的海派黄杨木雕作品和创作者，他们以不同的方式尝试着突破民间手工技艺和艺术之间的边界，不断探索着技法、情感、主题、意境之间的更佳表达。几代黄杨木雕班学员和老师们，共同成就了"海派"的风格，也标记了海派黄杨木雕技艺的每一个高光时刻。

一、海派萌芽与风格开创

上海自1843年开埠以来，成为中国近代开放程度最高的地区，也是东西方文化交融、发展的窗口。因此近代上海产生了以中华传统文化为基因，又擅采众长、海纳百川的海派文化。土山湾①是中国近代美术与美术教育的摇篮之一，也是海派黄杨木雕的发源地。1933年，年仅7岁的徐宝庆被送到土山湾孤儿院，10岁进入美术工场，跟随外籍传教士学艺。1944年，徐宝庆的满师作品《解剖人》，从人物比例、人体结构、人物造型上都已体现出他对西方美术及雕塑知识的全面掌握。1945年，土山湾孤儿工艺场举办了"宗教艺术展览会"，徐宝庆的一组黄杨木雕作品《圣母》《圣家族》《善牧》引起了轰动。按照他所说的，"出于民族自尊感，我将西方的雕刻技法，结合我国传统的特色，创作了一整套的中国式圣像参加展览"②。作品中人物比例、人体结构与表情、多人的组合团块结构，以及衣纹点线面转折的组织和流畅的线条，都有别于传统雕刻，充分体现了东西方艺术在内容与形式上的融合。此后，年轻的徐宝庆很快受到了业内的关注，虽然当时"海派"的概念尚未成型，但徐宝庆开创的这种黄杨木雕的风格，融入了西方艺术理念的传统技艺，是一种全新的工艺美术表现手法。这个时期的作品也成为海派黄杨木雕的艺术萌芽。

20世纪50年代及60年代初，徐宝庆创作了很多与儿童、劳动相关的作品，是他离开土山湾进入社会、进入生活以后，对纷繁世界细微观察并着手刀下的审美思考和艺术实践。这些作品蕴含着深厚的人文关怀，在技艺上更加精进，难度跃升，造型上精巧玲珑，灵动生趣，

① 土山湾：土山湾曾经是上海的一个重要地标，位于上海徐家汇南部半里许。因疏浚肇嘉浜、蒲汇塘，堆泥湾处而得名，当时占地面积约80亩。1864年，土山湾孤儿院建立，随后创办土山湾孤儿工艺场，内设绘画、雕塑、印刷、木刻、金工、照相等工厂。虽然当初只是为了接纳孤儿工作习艺而设立的工场，却无意间掀开了中国近代文化史上重要一页。土山湾画馆将西画贯穿多种技术因素，构成了继北方清宫油画、南方外销油画之后近代中国"西画东渐"又一处重要的样板和典型。这种艺术与中国人聪颖、勤奋、吃苦耐劳的精神以及中国数千年的传统艺术相融合，产生了诸如刘德斋、周湘、徐咏清、张充仁等一批享誉海内外的中国艺术大师。曾受土山湾绘画影响的一代美术大师徐悲鸿先生直言"土山湾亦有可画之所，盖中国西洋画之摇篮也。"

②《徐宝庆口述，徐左卫记录》，摘录于《工艺美术学报》1982年第四期。

蕴含一种关注生活、提炼生活、抒发情感,关联地方文化的"海派"视野。

其中,儿童题材的作品是海派黄杨木雕风格的重要组成。孤独的童年生活给徐宝庆的人生带来了无法弥补的缺憾,在他成年以后,尤其希望所有的儿童都能过上无忧无虑、幸福快乐的生活,这一强烈的愿望在他一系列的儿童题材作品中,以不同的形式得到了充分的体现①。

农村题材也是徐宝庆创作生涯中颇为热衷的题材,同样是海派黄杨木雕风格的重要组成部分。有着贫困的童年和同样从底层劳动人群中成长起来的他,始终觉得辛勤的劳动者应该过上好日子,所以在他的作品中不时流露出这样的情感。他将平时生活中所见所闻予以淘洗、精炼,在看似平凡的事件中构思出源于生活、高于生活的作品,给人耳目一新的感觉。在这些作品中,主人公乐于劳作,辛勤耕耘,喜获丰收的那种积极、朴实、满足的精神面貌被表现得淋漓尽致。他总是以这样的主题表达自己的心声,在雕刻中,他对作品中的主人公倾注了深厚的感情,仔细推敲,琢磨作品所表现的生活细节,力求使作品能够真实生动地反映生活中的一面,使作品亲切感人,富有生活气息②。这些作品夯实了海派黄杨木雕的艺术风格和技艺特色,当时在同样从事黄杨木雕行业的江浙地区引起了巨大的反响,进一步形成了业内对"海派"的认知。

在此期间,徐宝庆的两位弟子,侯志飞与林翊,也

---

① 徐才宝 徐右卫编《黄杨木雕第一家——徐宝庆黄杨木雕鉴赏》,上海古籍出版社2003年,第34页。

② 徐才宝 徐右卫编《黄杨木雕第一家——徐宝庆黄杨木雕鉴赏》,上海古籍出版社2003年,第58页。

在学习、协助老师的过程中奋力汲取着徐宝庆的技艺与理念，反复琢磨技艺，修炼艺术根基，蓄力着自己的艺术勃发……

二、人才的扩充与海派风格奠定

1956年3月，上海工艺美术研究室挂牌成立，标志着上海手工业领域社会主义改造的完成。1957年，徐宝庆作为上海地区工艺美术的杰出代表，赴京参加了全国工艺美术第一届代表大会。1958年，徐宝庆与弟子侯志飞、林翊等众人一起进入了上海工艺美术研究室，组成了木雕生产小组，徐宝庆任组长，专职从事海派黄杨木雕的生产创作①。不同于传统的封闭式师徒传承，徐宝庆在工作室内开明和蔼地向徒弟们展示创作、制作过程，研究室内互相学习、钻研技艺、高效生产的氛围十分浓厚。至此，上海的黄杨木雕行业开始逐渐兴盛起来。

侯志飞，1956年拜徐宝庆为师学习黄杨木雕。同为天主教教友的徐宝庆与侯志飞也正是因为土山湾的外国传教士牵线结缘而相识。在最初与徐宝庆的长期相伴与学习过程中，侯志飞经过自己的刻苦钻研和不断练习，逐渐掌握了海派黄杨木雕的技艺核心和创作理念，并发挥出了自己的风格特色。他擅长儿童题材，作品生动活泼，引人入胜；构图稳健又不失活跃，延续了徐宝庆儿童题材的作品类型，又具有自己对时代发展的思考和通过特定的艺术形式表达深刻寓意的高超技艺。以他的代表作之一《飞跃》为例，用现代的语言来表达，侯志飞

① 根据文献资料查阅和相关人员回忆，徐宝庆的第一批弟子为侯志飞、林翊、熊耀荣、何文玲、侯志强、林淑惠等人。

1966年徐宝庆（二排左二）与学生、同事在上海工艺美术研究室的合影

可能是最会用"萌"娃表现宏大题材的海派黄杨木雕大师。作品尺寸不大,却气势不凡,可爱生动的儿童形象,富有生命活力,让人心生欢愉,不得不慨叹作者倾注其中的热爱和美好祝愿。这些作品进一步提升了海派黄杨木雕的作品立意。

林翊,1957年拜徐宝庆为师,也是"宝庆"风格的忠实追随者。他带着已经在温州学艺三年的经历回到上海,为的就是要重新学习这种全新的新时代的风格。他是严谨而勤奋的学生,善于思考,一丝不苟,细致观察徐宝庆的创作过程,还善于总结分析,尤其是海派黄杨木雕最突出的风格和技法。他的作品以反映百姓生活、社会现实的民生题材为主,创作原型多有生活依据和自我感情的投射。在20世纪50年代创作的作品《老鹰捉小鸡》《新生》等,在《广州日报》《辽宁日报》发表并得到《解放日报》的转载。1961年,林翊被调去工艺美术学校担任黄杨木雕专业老师,开启了集中培养黄杨木雕专业人才的篇章。

林翊不仅刻苦钻研徐宝庆的作品,也在海派风格的传承上起到了至关重要的作用。在创建首届黄杨木雕班时,很多的教学工作也都是"首次"。如何将传统的一对一的"手手相传""口传心授"的封闭性技艺传授给学员制的一对多的班级学生,是很大的挑战。当然对林翊也一定是一个教学相长的过程:要更加深入地了解徐宝庆的艺术风格,再"吃进吐出"、深入浅出、循序渐进地将一些一手的、感性的经验转化为更科学、系统的教学内容。他总结了很多口诀、方法，将抽象问题、个体经验进行了总结提炼和传播，将一门民间手工艺逐步转向了更专业、系统的"学院派"知识，这对于规模化培养专业学生无疑是意义重大的。

徐宝庆、侯志飞、林翊的三人"会师"，完成了海派黄杨木雕的基石铸就。徐宝庆和他的首批弟子们兢兢业业地工作，孜孜不倦地创新，赢得了市场和业内的好评。随着1961年工艺美术学校黄杨木雕班的开设，更多新鲜力量的加入，让当时的海派黄杨木雕生机勃勃。在奠基者们的照耀下，之后三届黄杨木雕班学员们也得以进入用心创作、自由驰骋的广阔天地。

三、群星闪耀与海派风格的充实

上海工艺美术学校于1960年成立，黄杨木雕是第一批设置的专业之一。也由此，海派黄杨木雕进入了以学校教育为主，厂办教育为辅的集体教育阶段。61届、71届、73届三届黄杨木雕班构成了海派黄杨木雕集体教育的规模。

据林翊先生对当时教学、创作的回忆："上海工艺美术学校有多个专业班，唯有黄杨木雕班开设体验生活课，这对黄杨木雕艺人靠仔细观察周边生活进行创作是一种方式方法上的突破。这说明校方领导层很清楚，黄杨木雕是以塑造人物为主的，是个为谁服务的大问题！学校每学年安排两周时间或更多，到农村、工厂、部队体验生活，可见当时上海工艺美术学校对贯彻《在延安

① 文字来源：林翊撰写未正式出版材料《刍议黄杨木雕艺术发展史》。

文艺座谈会上的讲话》精神是非常认真的。"①

由于实行体验生活进行创作，同学们在深入工农兵基层民众生活的过程中，扩大了眼界，更新了视角，增强了为工农兵服务的创作意识。写实主义的表现方法，在那时正是最好地反映社会发展进程中人民全新的精神面貌的方法。所以工艺美术学校培养的三届学生，在校的实习创作和毕业创作，题材都是反映工农兵形象和重大历史事件的。

1967年黄杨木雕小组徐宝庆（后排左五）与学生们一起到七一公社号上大队去 体验生活，前排左一为侯志飞，左三为林翊，后排左三为毛关福

（一）1966年上海工艺美术展览会：61届黄杨木雕班的集体亮相

1966年春节，在徐宝庆、侯志飞、林翊等老师的带领下，61届的黄杨木雕学员们贡献了自己的"毕业作品"，大多入选了首届上海工艺美术展览会。这些代表着海派黄杨木雕最新创作风格的作品一经展出便引起了轰动，效果出乎意料地好。同年3月展出又转移到北京，在北京同样获得了各界好评。这些作品突破了传统工艺美术的题材范畴，表现的全都是新时代工农兵的形象，令人耳目一新。这次展出为上海黄杨木雕赢得了"海派"的

1966年刊登的《支部生活》，黄杨木雕被评为1965年上海市"五好小组"

声誉，"海派"二字开始出现在各种报道中。后来这批学生全部被上海工艺美术研究室另外成立的附属实验工场接收，并被上海市政府命名为"五好小组"，连体验生活的传统也被研究室全盘继承，这种方式一直延续到上海工艺美术工厂，直到70年代中后期。也正是有了61届这批学员的加入，使得上海黄杨木雕能够自成一派。

展览会上展出的作品都是学员们经过体验生活，关注时事，摸索创新，通过娴熟技巧反映主题的成熟创作。其中较为优秀的作品有《展宏图》《王杰》《夜雨巡航》《严阵以待》《五卅惨案》《人民公社好》等。

毛关福的《展宏图》，是1964年工艺美校组织学生去青浦渔业养殖场体验生活之后创作的。当时水产养殖场是血吸虫病重灾区，大家花费大力气消灭钉螺，这是学员们去当地亲身体验到的。作品表现的是漂移渔民转为定居渔民以后的创业规划。当时作为专业老师的林翊评价这件作品"一群男女农民从低到高排列，姿态各不相同，形成一条从左到右顶部很有弹性的主线，而右边中部的小孩席地而坐，姿态放松随意，眼神流露出某种期盼。虽然小孩体积不大，却为作品整体起到了疏密、紧松、大小体积对比的节奏调节，使作品整体在旋律变化中达到调和统一，构图饱满均衡主题突出，凸显了《展宏图》中领头人的精神面貌"。①

毛关福《展宏图》

毛关福《王杰》

①文字来源：林翊撰写未正式出版材料《刍议黄杨木雕艺术发展史》。

宋立成、阮柏忠、毛关福合作的
香樟木雕作品《严阵以待》

① 刘开渠 (1903-1993): 雕塑家，美术教育家。先后曾任杭州艺术专科学校校长、杭州市副市长、中央美术学院华东分院院长、中央美术学院副院长、中国美术馆馆长、中国美术家协会副主席等。创作了《淞沪战役阵亡将士纪念碑》等一批反映抗战题材的艺术作品。中华人民共和国成立后，领导人民英雄纪念碑浮雕的创作工作，并创作了其中的《胜利渡长江解放全中国》及《支援前线》《欢迎解放军》等浮雕。

宋立成、阮柏忠、毛关福合作的《严阵以待》是一件反映越南战争的作品，这件作品也为海派黄杨木雕创作世界人民反美侵略战争方面的题材开了个头。作品是由香樟木雕刻而成的，人物布局与山林岩石的特殊地形，构成了神秘的伏击战气氛，在展出中受到好评，被选登在1966年的《人民日报》上，还得到著名雕塑家刘开渠①的好评。

由方志强、栾旭、李耀根等人合作的《五卅惨案》，用整段香樟木保留树皮的自然形态雕刻而成。他们完成了所有人物从近到远的造型雕刻，这些人物通过圆雕、高浮雕、低浮雕、浅浮雕等不同层次的透视压缩造型，使整件作品看上去层次分明、自然。作品里人物众多，设计排布犹如洪流直下气势逼人。这件作品后来被工艺美术学校评为优秀作品。

方志强的《雨夜巡逻》是一件表现亦兵亦农的民兵题材作品。这件作品可以看到学员深入生活后所感受到

方志强《雨夜巡逻》

让他为之心动的生命活力。这件作品的创作明显是经过精心提炼的：雨夜狂风吹坏了育秧的塑料棚，巡夜的三个民兵赶紧及时抢修。作品以大幅度的民兵动态冲击眼球，直击观者心灵。作品横向用料，整体雕镂结合，雕工细腻，充分体现出了雕刻技巧上的"工巧性"。

61届同学的作品中，不管是大题材还是小题材，都将主题和形式完美地呈现出来，也反映了那个时代质朴的人文精神和时代节奏，造型上人物生动有个性，构图上有节奏有韵律，并且还都保持了黄杨木雕的地方特色。

（二）追踪重大事件，宣传时代精神

随着《严阵以待》《五卅惨案》等作品的问世，海派黄杨木雕作为宣传时代精神的特殊载体受到了各方关注。1969年下半年，"工艺美术实验工场"从工艺美术研究室分离出来，与其他两个单位合并成立了上海工艺美术工厂。黄杨木雕"五好小组"在70年代竟意外地成为焦点，当时上海《文汇报》和《解放日报》经常报道上海工艺美术工厂黄杨木雕小组的创作活动和作品照片。连上海人民出版社和上海人民美术出版社都先后出版过四册《木雕小辑》，另外还出版了一本《大庆雕塑选》和《亚非拉反帝风暴》等工艺美术厂创作的作品图片集和多张宣传画。追踪政治热点，进行主旋律创作，在当时为海派黄杨木雕赢得了极高的社会声誉。

比如根据1969年3月发生的保卫珍宝岛事件创作的《珍宝岛英雄》，由毛关福、叶代屏、江志学、阮柏忠、李耀根等人为主创作，首次采用了进口木材丹塔木进行

大庆组雕选（宣传册封面）

大型作品《亚非拉反帝风暴》

雕刻。作品塑造了以孙玉国为首的16位浴血奋战的解放军战士在前线英勇奋战的雄姿，传递出战役取得胜利的振奋情绪。作品尺寸20cm×50cm×60cm左右，由整块木材雕刻而成，这是上海工艺美术厂有史以来最大的丹塔木雕。

毛关福、叶代屏、等人合作创作的《珍宝岛英雄》局部

还有1970年10月，樊黎明自主创作的《越南人民打得好》，是反映越南人民在胡志明领导下打击美帝侵

樊黎明《越南人民打得好》

略军取得胜利的作品。作品以浪漫主义的构思，在造型上采用了写实与漫雕造型相结合的方法，用横向构图连续展开情节。人物多达17人，构图紧凑，场面恢宏，又保留了黄杨木雕这种民间艺术品的民族风格，营造了

良好的视觉效果。

黄杨木雕小组还陆续创作了一套丹塔木雕,学员们简称为"反帝风暴",该组木雕一度发展到第四套,名称拓展为"亚非拉反帝风暴"。其中一件刘巽发创作的《冲锋》,除了题材上正好配合了国际政治形势的宣传需要,作品本身的构图也气势逼人,造型威猛,具有强大的视觉冲击力。这件作品表现方式上是以刀痕见胜,在最后一道工序上保留刀痕,用粗犷的艺术语言来表达人物的结构和质感,省略了传统黄杨木雕磨砂打光的工序,在视觉上产生了新的刺激,吸引了不少眼球。

刘巽发之后还创作了《国际歌》《牧马人》《眺望》等保留刀痕的作品,《国际歌》现在被保存在上海龙华烈士纪念馆;《眺望》现在被保存在上海工艺美术博物馆。《牧马人》是一件反映知青的作品,大气生动,造型优美,外露的肌肤部分打磨得很细腻,而其他部分如马和衣纹都保留了粗犷的刀痕,粗细对比明显,形成良好的视觉效果。那时刘巽发的大型木雕作品,已经有其个人风格特色,刀痕既表现了人体结构,又表现了质感,显得生机勃勃。

70年代,"上山下乡"是社会性的事件,上海黄杨木雕也集中反映了相关的主题。学员们创作了一套《广阔天地炼红心》的作品,其中李耀根的《创业》,毛关福、戚建华的《扎根》都是较为突出的作品。在那段时间里,黄杨木雕小组以刀代笔,下基层体验生活,创作了很多堪比新闻专题报道的作品,都是反映基层

刘巽发《冲锋》(上)《牧马人》(下)

李耀根《创业》

普通民众生活的。收集在上海人民出版社的"木雕小辑"里的作品还有戚建华的《养猪姑娘》,叶代屏的《捕鱼归来》等等。

1973年,黄杨木雕小组创作了一套很有社会影响力的大型组雕"大庆精神"。1973年6月,黄杨木雕小组受邀去到当时还对外十分保密的大庆油田,进行了为期一个多月的采风和体验生活,再经过多月的创作与雕刻,交上了丰硕的成果:《英雄云集》(林翔)、《两论起家》(李耀根)、《人拉肩扛》(朱鸿根)、《油田凯歌》(阮柏忠)、《五把铁锹闹革命》(陈华明)、《铁人回收队精神》(朱鸿根、栾旭)、《女子采油队》(栾旭)、《缝补到前线》(侯志飞、戚建华)、《向新油田进军》(侯志飞)。

20世纪六七十年代的黄杨木雕小组,创作了很多反映时代新风和社会正能量的作品。当时只要有最高指示或新闻报道,上海黄杨木雕就会有作品问世,这不仅

聚焦：海派风格积淀

林翊《英雄云集》
阮柏忠《油田凯歌》
栾旭《女子采油队》

李耀根《两论起家》
陈华明《五把铁锹闹革命》
侯志飞、戚建华《缝补到前线》

朱鸿根《人拉肩扛》
朱鸿根、栾旭《铁人回收队精神》
侯志飞《向新油田进军》

得到艺术界的赞许，新闻界也发出"上海的黄杨木雕跟得紧，反应快，像宣传画一样"的赞誉。经过了体验生活、自主创作和重大题材的磨砺，海派黄杨木雕作品的"学院"气质更加凸显，有一些优秀的学员在经过黄杨木雕的专业化培养之后也进入到更广阔的艺术领域深造。

（三）新思潮的涌入和艺术表达的多样化

70年代后期至80年代初，社会逐渐恢复正常，而在美术领域，从国外传入了亨利·摩尔[①]的雕塑和林风

① 亨利·摩尔（Henry Spencer Moore，1898-1986）：20世纪世界著名的英国雕塑大师。

① 林风眠（1900-1991）：画家、艺术教育家、国立艺术院（现更名为中国美术学院）首任院长。

② 文字来源：林翊撰写未正式出版材料《刍议黄杨木雕艺术发展史》。

③ 王小蕙：黄杨木雕班70届学员，1971年招入工艺美术工厂。现任教于清华大学美术学院雕塑系，中国雕塑学会会员，中国工艺美术学会雕塑专业委员会会员。

眠①的作品。一时间，那种抽象、变形、唯美的艺术思想，对年轻学员很有吸引力，他们开始研究、实践，尝试新的木雕艺术风格。一种简练的点线面结构，简约的形体和线条流畅的造型在年轻人中扩散开来。尽管他们雕刻的造型简练，但他们并非没有扎实的海派黄杨木雕技法，在过去的很多创作中，他们都雕刻过很细腻的黄杨木雕作品。只是他们希望以现代派"自由创作"的主张，发挥创作主体的自我感觉，创造一种新颖的美的形式②，追求一种既有东方特色又具现代风貌的艺术样式。

比如王小蕙③，她按自己的理解和想象，在工艺美术厂时，创作过多件简洁概括的人物造型作品，按她自己的体会"从理想的角度讲，我认为我所追求的是一种纯洁、宁静，能给人以抚慰的艺术"。她创作的《梦都飞翔》采取了夸张具象的手法，以中国传统木雕彩妆的方法，使作品产生了一种梦幻缥缈的感觉，在国际木雕

王小蕙《梳》

王小蕙《梦都飞翔》

比赛中获得大奖。

徐龙华创作的《小马》，是用水曲柳木材雕刻的，并且上了色。这匹小马造型简练、萌态可掬，上色以后纹理更加鲜明，凸显了纹理之美。虽然也有质疑这是否还是黄杨木雕，但在自由发挥创作意图，雕刻内心所想的方向上，他们是作出了巨大的努力的，并且也逐渐受到了业内的认可。

徐龙华《小马》

刘文潞创作的《母与子》，基本造型还是写实的，但是把许多在原来海派黄杨木雕中常规该表现的东西省略了，譬如细小的衣纹、头发丝等。因为整体造型生动，观者并不会关注这些细小部分，效果就像眯起眼看素描，是大处着眼。年轻的母亲席地而坐，头、胸、臀三部位的对置关系处理得非常得体自然，意境宁静而温馨。

刘文潞《母与子》

这个时期，很多学员表现的都是学院艺术家认为的"现代派艺术木雕"，他们是现代木雕艺术的赶潮人，他们如饥如渴地吸取着新的西方艺术的养分，又融入了东方艺术的思维。年轻的一代传人，并非简单地反映现实生活中的各类人物的精神面貌和生活内容，而是创造了一种新的样式，着力反映创作主体对美的个人理解，发挥着他们对艺术的追求。

第二章 典藏：匠心意蕴

在本章，我们采用自述或旁人回忆的方式，为大家讲述一些关于黄杨木雕背后的小故事。这里面既有传承人对自己作品的回顾与剖析，也有作品背后的一些特殊回忆。虽然徐宝庆、侯志飞两位大师都已离开人世，但海派的精神仍在延续，从这些点滴的讲述中，我们依旧能感受到浓重的情感的流动——那是每一代黄杨木雕人之间的精神传递，和他们对黄杨木雕的眷恋与坚守。

徐宝庆

侯志飞

林翊

陈华明

常俊杰

吴贵

毛关福

闻志高

一、徐宝庆：技出土山湾，天才爱世间

所谓海派特色被人们所称誉，主要还是在"师法造化"时有提炼，也就是给人一种艺术享受，它有趣味和美的感受，同时又从中意味着新的向往。

雕刻应该考虑结构上的牢度与视觉上的团块感，一碰就碎的作品无法永久保存。

有些寻常的但不是无意义的生活素材，如果用喜剧手法来处理，那么作品就会变得有趣有味。

一件希望反映生活的艺术创作，必须找到生活中最生动、最说明问题的一瞬间，这样才能吸引读者，影响观众。

徐宝庆

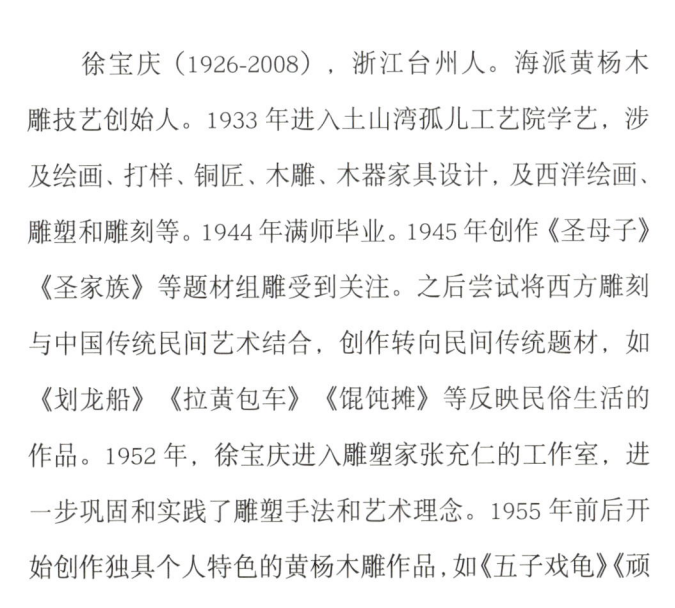

徐宝庆（1926-2008），浙江台州人。海派黄杨木雕技艺创始人。1933年进入土山湾孤儿工艺院学艺，涉及绘画、打样、铜匠、木雕、木器家具设计，及西洋绘画、雕塑和雕刻等。1944年满师毕业。1945年创作《圣母子》《圣家族》等题材组雕受到关注。之后尝试将西方雕刻与中国传统民间艺术结合，创作转向民间传统题材，如《划龙船》《拉黄包车》《馄饨摊》等反映民俗生活的作品。1952年，徐宝庆进入雕塑家张充仁的工作室，进一步巩固和实践了雕塑手法和艺术理念。1955年前后开始创作独具个人特色的黄杨木雕作品，如《五子戏龟》《顽

皮娃娃》《撑骆驼》等，奠定了海派黄杨木雕的艺术风格。1957年赴京出席"全国工艺美术艺人第一届代表大会"；1958年进入上海工艺美术研究室；1961年被聘为上海工艺美术学校黄杨木雕班兼职教师；1964年被第二轻工业部授予"雕刻工艺师"称号；1979年赴京出席"全国工艺美术创作设计人员第二届代表大会"，被授予"为我国工艺美术事业作出重大贡献"勋章；1987年被轻工业部评为"高级工艺美术师"；2002年，在上海工艺美术博物馆开办个人雕刻回顾展。

徐宝庆一生专注于小型雕刻与大型雕塑，创作了上千件黄杨木雕作品。其中儿童题材如《帮助小朋友》《放风筝》《顽皮娃娃》《放爆竹》《捉迷藏》等；农村题材《春耕》《犁田》《撒种》《丰收》等；"三国"题材《三英战吕布》《张飞怒打督邮》《三顾茅庐》《刮骨疗伤》等，技艺精湛，中西融合，关注生活，人文情怀浓郁，为后人留下众多经典佳作。

他的雕塑作品也成绩斐然。1952年，协助张充仁设计了上海外滩"无产阶级革命创建中华人民共和国"纪念碑小样。1954年赴安徽蚌埠创作大型浮雕《治淮远景》。1958年赴京参加人民大会堂上海厅雕塑创作任务。1959年雕刻"农""林""牧""渔"四大件樟木雕，陈列在新落成的人民大会堂上海厅。1967年，应上海交通大学邀请，创作"毛泽东立像"。1985年，为无锡太湖鼋头渚创作"震泽神鼋"。1987年创作孔子铜像，立于上海文庙。

艺术风格与开拓性成就

徐宝庆的很多作品里都充满着"爱",对生活的爱,对木雕的爱,对眼中一切的观察与热爱。以爱引爆的创作热情,需要借助更新的手段与形式来表现。林翊先生在分析徐宝庆开创的海派黄杨木雕写实主义风格时也说道:"写实主义,作为一种艺术表现方法,需要熟练的技术支撑和解剖知识,尤其重要的是生活感受。即使在艺术表现多元化的时代,写实主义也不会消失,因为它反映的是对客观情感的抒发,终会有人愿意学习难度高的工艺技术,来表达内心的感情。徐老师的艺术,创造了境界独特、魅力感人的平民化审美意境与民间艺术的形式美,他的艺术自成一套表述体系,与传统的黄杨木雕不一样。"

作为海派黄杨木雕的创始人,徐宝庆比较突出的艺术风格有以下几点:

1) 风格上,追求严谨的写实手法,刻画新时代人民的精神面貌,在真实的基础上挖掘人物的个性,用矛盾的对比法来凸显作品的戏剧效果与张力。幽默、风趣是主色调,他的雕刻创造了新的"词汇"和"语句",具有时代性,有极高的共情感染力。

2) 构图上,团块结构使三维空间更整体,这种不同于传统的雕刻形式,扩大了作品的可看性和牢固度,也要求更强的空间组织能力和更细腻的刻画。相对于过去传统的浙江黄杨木雕拼接组装的形式,徐宝庆的作品采用整块木料雕刻，绝不拼装。这种浑然一体的团块感、整体感，形成了海派的特点之一。

同时，横向构图也是徐宝庆黄杨木雕创作的一大特色。因为黄杨木质地坚韧，不惧横纹肌理的雕刻塑造，这样用料的特点是不仅增加了作品牢固度，还拓展了作品的横向视觉空间，也扩宽了造型、题材的可能性。

3）技法上，为了适应更新的表现手法和创作主题，徐宝庆将中西方木雕技艺融合，并发挥到了极致，雕刻技法以圆雕结合镂雕，能够更好地塑造多人、多物的层次丰富、结构复杂的木雕作品。观感上技艺精湛，玲珑生动，独具匠心。

4）创作手法上，创作出自心灵的感受，善于抓取身边的生活琐事，经过提炼加以适当的夸张和细腻的刻画，这样的作品形成了独特的个人风格也加强了上海地域文化的特色，非常生活化，有很强的时代共鸣。

作品回顾

在本节中，我们邀请了徐宝庆先生的学生及同事林翊先生，以及上海工艺美术厂黄杨木雕70届学员、现执教于上海工艺美术职业学院"大师班"的闻志高先生，对徐宝庆的作品进行介绍与讲述。这位朴素寡言的黄杨木雕大师将所有的热情都灌注于一分一厘的雕刻当中，希望通过后人的回忆，我们依旧能够链接到那个共同的心境与时空……

徐宝庆曾经在一次采访中说道"我想出版一本书，

宣传作品的内容和作品的创作方法,将来有人模仿最好,没有人模仿至少看一看也是一份图片……"①希望以这样的方式,告慰故人,继续传递黄杨木雕的故事,让更多人聆听它们的声音,品味海派黄杨木雕的魅力。

① 徐才宝、徐右卫编《黄杨木雕第一家——徐宝庆黄杨木雕鉴赏》,上海古籍出版社2003年,第135页。

西方题材 /《圣母与小耶稣》/ 讲述者:林翃

1945年,土山湾孤儿工艺院在震旦女子学院举办"宗教艺术展览会",当时年仅20岁的徐宝庆送了一组雕刻作品去参展,按徐老师说的"出于民族自尊感,我将西方的雕刻技法,结合我国传统的特色创作了一整

▲徐宝庆《圣母与小耶稣》
▶徐宝庆《圣家族》

① 《徐宝庆口述，徐右卫记录》摘录于《工艺美术学报》1980年第四期。

套的中国式圣像参加展览会"①。其中有《圣母与小耶稣》《圣家族》《善牧》等作品。这组作品展出以后，立刻以它独特的魅力吸引了观众，受到参观者的一致赞誉，《传教报》为此做过海量报道，《圣母与小耶稣》被精美地印刷在当期教会刊物的封面上。

从这件作品，我们可以看出圆雕与镂雕技术的融合。而且作品多了一片底板，这片底板加强了上面精雕细刻的人物、动物、道具之间的连接和牢度，使作品更整体。

《耶稣诞生》组雕

在内容上，圣母与小耶稣在马槽里表现出质朴的亲情，与母羊、小羊对小耶稣的关注，两种层面的情感相互呼应，通过徐老师的雕刻刀体现出来，再现了人物的命运和精神世界。从构图上看，没有一样是多余的，这种物物相连的，合理构造的三维团块结构，使一件作品完整地呈现在我们面前。这是一种内容和谐形式统一的艺术表现。

徐老师有扎实的写实造型基础和动手能力。我们从徐老师最初的宗教题材作品的创作中就可以看出人物比例、人体结构与表情、多人的组合团块雕刻结构，以及衣纹的点线面转折的组织和流畅的线条，都有别于传统雕刻。

儿童题材

徐宝庆一生创作过的作品，数量之多，难以计数，涉及的题材之广，也令人叹服。上至神话传说、历史故事，下至近代民俗和百姓生活，还有花鸟虫草等自然意趣。尤其是石库门里活泼、幽默的儿童题材，是最具海派风格的一类黄杨木雕作品。其中渗透着作者对生活细腻的观察和温情的注入，有很强的共情性。每个"娃娃"都鲜活有个性，不是按照某种既定"情绪"或"寓意"程式化生产出的标准产品，作品具有的超高人文价值突破了传统工艺美术的技艺层面和模式，是海派黄杨木雕奠基类型之一。

《顾此失彼》/讲述者：林翊

儿童题材，历史上称为婴戏，"捉迷藏""六子戏弥勒"都对儿童有精彩的刻画。而徐老师的现代儿童题材作品，创作灵感来源于生活，有新的立意与内涵。徐老师在20世纪50年代做了大量的儿童作品，刚开始的风格是比较夸张的，比如《扛玉米》《拔萝卜》等。这是因为当时的社会背景，需要全国人民团结起来，建设国家。在这些作品以后，他的目光转移到他居住的石库门小区，也就是宝庆路的宝庆里，是一个很大的石库门小区。

当时我去他家拜师，看到过这件作品。第一眼就让我觉得这种感觉太熟悉了！它激起了我对自己童年的回忆。上海是一个移民城市，乡下亲戚拜访住在石库门里

徐宝庆《顾此失彼》

的主人，肯定是带鸡、鸭这些土特产，所以弄堂里养鸡鸭的不在少数。《顾此失彼》这件作品，一看就是弄堂里的生活，生活趣味特别浓。作品中的小女孩在吃饭，却遭到几只鸭子"围攻"争食。小女孩举着手嘟着嘴，似乎可以听到发出"嘘嘘"的驱赶声。可是，顾前顾不了后，后面的鸭子还是偷吃到了食物。这把"顾此失彼"这一成语表现得多形象啊！许多人看了以后都会回味一笑。

徐老师抓住了现实生活中最具有戏剧性的一瞬间，戏剧性张力非常大，可以引起许多联想。含蓄、幽默，就是这件作品的精妙之处。黄杨木雕它是一种小型的艺术品，它有什么用？它就是放在家里案头，作为欣赏品。那么对个人来说，也是一种艺术上的爱好，是一种品位。

在技术难度上，黄杨木雕属于圆雕，过去像温州朱子常①的作品，都是单个（人物）的，如果是群像故事，一般是做好单个的作品，一个一个组合起来，再把它们固定到底座上。但是徐老师这个作品，它是一整块料做出来的，技术难度跟传统的相比，截然不同。技术上是增加了镂雕的难度，是圆雕加上镂雕，那么整个形式就变了。

首先这件作品分三个层次。第一个层次，是鸭子。（因为）现在这张图是为出版新书重新做的，以前的作品都没了，卖掉了。重新再做一个呢，他就在前面增加了两只鸭子，中间和后面还是一只。如果打坯的话，前面鸭子是一个维度，因为它的空间多少决定了后面这个料够不够用，所以这个维度、空间是非常要紧的。不能打过头，打过头后面的料就不够了。那么从时间安排上，打坯就必须先把之后要做的鸭子位置预留出来，空间上还不能太深，太深了以后，后面的料就不够了。所以这个维度制作在打坯上面你必须思想上要拎清楚；那么第二层，就是小女孩和一个方凳，这个方凳也是很有上海特色的。这里的深度也要控制好；第三个层次后面还有一个鸭子，

---

① 朱子常（1871-1934）：名正伦（一作阿伦），字子常，以字行，浙江永嘉（今温州市）人。近现代著名黄杨木雕刻名家。因其技艺高超，不同凡响，时人称其为"伦仙"。代表作有《捉迷藏》《六子戏弥勒》《济癫和尚》等。

这个鸭子就比较容易了，不管怎么做（都可以），料子多的话，可以把鸭子正过来，鸭头朝前，屁股朝后。如果后面的料不够，可以把它侧过来，鸭屁股往里歪，头朝着凳子上面的碗，可以改变。所以在打坯上面，这三个层次的打坯难度比较高。空间上面你必须严格把控好，否则这个胚打到后来没料了，你懊悔就来不及了。这是很重要的技术上的问题。所以这一件作品我印象很深刻。

徐宝庆《帮助小朋友》

《帮助小朋友》/ 讲述者：林翊

　　这一件作品叫《帮助小朋友》（又名《放学路上》），是徐老师在宝庆路工艺美术研究所做的。那时候工艺美术研究所跟轻工业研究所是并在一起的，这个是时代背景。这件作品表现的是放学路上遇到下雨，高年级的学生帮助低年级的学生回家。虽然是生活中的一件平常事，但经过徐老师的敏锐观察和着力表现，这一瞬间凝固在雕像中，就具有永恒的典型意义，内在思想很强，值得令人咀嚼。

作品的构图有一个特点，如果右边的男孩头上不盖荷叶，那么作品肯定（感觉）往左边倾斜，重心会偏左。因为左边是一个大孩子，背着一个小孩子，还加了一把伞，虽然现实生活中伞是很轻，但是在木雕上，伞是占了一个很大的面积，所以左边的分量肯定比右边要大很多。他正因为看到了这个问题，所以在小朋友的头上盖了一张荷叶，这就有了一个体量和分量，这一加上去以后，作品的构图就均衡了。我们中国人很讲究构图的均衡，传统审美方面，对称是我们的审美习惯。比如说在文字上，很多文字都是左右相称的，像繁体的"囍"字，结婚的时候要双喜，双喜是平衡的，对不对？再看居民的住房，大门进去，左面、右面都有房子，正面有房子，也是对称的。不管是一进两进三进的房（都很对称）。我们中国人在思想观念上面，从文字到建筑到其他，都喜欢对称平衡，不要一面太强，另一面太轻。

再要讲到就是这把伞，支撑这件作品的技术难点是伞。其中伞斗中的伞骨全部镂雕而成，根根见功夫，20世纪60年代以前，在黄杨木雕中，还没有出现过这样的技术，所以这是徐宝庆老师首创的。

这把伞的结构和真实的伞结构是一样的，除了不能随意收缩，这个技巧上面的难度非常高。我在温州的时候，许多温州（木雕）老艺人喜欢看戏，他们的（艺术来源和教育）一个是看戏，一个是听书。听了书以后知道"三国"的故事是怎么发生的，知道里边的刘、关、张是什么样的性格，怎么样的形象。那么看戏也是这样，看到《白蛇传》，"断桥相会"这个主题他们也有作品出现，但是他们的伞就不是这样做的。伞是实心的，伞斗也是实心的，伞面是刻得比较薄的。他们没有办法把里面的伞骨都刻出来，刻的时候甚至是连体的，跟人身体或者头连在一起。而徐老师的伞是可以套上去的，小男孩手上有个洞，伞可以从手上拿掉，也可以插进去。这样一方面是省了料，如果伞跟这个人物是连体的一块料，这个料要非常大了，至少要20厘米（直径）的料才能解决。但徐老师的做法，只要15厘米就可以解决，就不会浪费材料。这一件作品如果包装起来，伞可以拿下来放在边上（礼盒体积可以更精简、合适）。作为艺术品卖给人家，就有一个包装盒，没有包装盒不像样，对不对？所以从这个方面来说，就是材料上节省了许多，技巧上也发挥了它的极致。

《撑骆驼》/讲述者：林翃

撑骆驼这种儿童游戏，在20世纪50年代的上海弄堂里是常见的体育运动。这种小朋友之间的游戏需要勇气和力量。游戏规则是跳过去以后，当骆驼的人就上升一点高度增加难度，跳的人可以再跳，如果跳不过去了就当"骆驼"，如此反复，看谁能够跳到最高。这件作品表现的是跳上去的一瞬间，跳的孩子露出了胜者的笑容，当骆驼的孩子承受着压力但是头一歪也露出了"看你跳不跳得过去"的表情，童真情趣会勾起过来人对童年的美好回味。

徐宝庆《撑骆驼》

徐宝庆《撑骆驼》

"撑骆驼"在我小时候印象也很深刻。当时的上海由于房子比较小,外地到上海来(居住)的人又比较多,很多小学即使有操场也是很小的,那么到弄堂里去做体操、上体育课是比较常见的,这种比较简陋的情况是(当时)现实生活中确实存在的。但是儿童他体力旺盛,学期放假的时候,需要活动,发挥自己的能量。这时候在弄堂里就出现了"撑骆驼"、打弹子、刮香烟牌子等等,这些运动游戏。这个游戏规则对儿童来说很有吸引力,是很有趣的测试。这件作品从表情、动作上,是恰到好处的,表现得真可以说是现实生活的翻版。他底下(小孩)表情睁一眼闭一眼看着上面的孩子,好像有点轻蔑似的,"你跳不过去!"而上面的(小孩)眼睛往下看,(好像在说)"我肯定跳得过去,你还是骆驼继续当下去"!所以这件作品,我觉得太有意思了!对童年时期生活在上海的人来说都会有这种感受。

《捉迷藏》/ 讲述者：闻志高

《捉迷藏》是徐宝庆老师20世纪60年代的作品，这件作品呈现了海派黄杨木雕典型的圆雕工艺特征，制作了六人相互重叠穿插的群雕，工艺上必须运用慢"掏"、细"镂"的海派写实的雕刻工艺。《捉迷藏》这件作品显示出玲珑剔透的人物动态场景，也表现出真实的空间透视感。制作中利用木材直丝流①最大的直径设计了大小六个人物。作品中一名长须的老人伸展双臂逗哄着一群幼童捉迷藏，五名儿童在一片欢笑中自由奔放地摆出各种童趣姿态，来释放活泼、聪明、健康的喜悦心情，把观者带进了童年欢笑的梦境中。

①丝流：指的是木材纤维的分布方向。

徐宝庆《捉迷藏》

徐宝庆《捉迷藏》

上海黄杨木雕的创作题材，多以塑造当代社会的人文精神面貌为主题，又以平凡的民众生活、各行各业的从业者为主角，每一件作品都反映了与社会的呼应与共鸣。上海黄杨木雕由徐宝庆老师开创以来，一贯依照雕塑美学、人体解剖学的主旨进行创作，多以表现现代写实的民众百态作品为主。而且常见的作品造型多为现代人物为主，与传统古装象形作品有着明显区别与不同。

黄杨木雕捏泥稿呢，现在讲就是学院派，61届的上海黄杨木雕班就开始做泥稿了。先做泥稿，再拿着木头对着泥稿做。但是像徐宝庆老师他以前都不捏泥稿的，即使捏也是很粗的。黄杨木以前都很珍贵的（不能浪费材料），有时候有个疤，就把它敲掉，敲掉以后再看像什么（再来创作设计）。所以徐宝庆老师的东西我们仔细去看，它有些地方会有点变形，它变形其实是被迫变形，因为材料的关系（可能缺点料，或者有坏的地方），所以他的东西漂亮就漂亮在这一点（应料设计，有灵气）。

劳动题材

农村题材也是徐宝庆创作生涯中颇为热衷的题材，是海派黄杨木雕风格的重要组成部分。他将平时生活中所见所闻予以淘洗、精炼，在看似平凡的事情中构思出源于生活、高于生活的作品。作品中的主人公乐于劳作，辛勤耕耘，喜获丰收的那种积极朴实的精神面貌给人耳目一新的艺术感受，富有浓郁的生活气息。

《收割》/讲述者：林翊

在徐老师的作品中，另一个重要的主题是农民，他有许多作品是刻画农民劳作的作品，如《送公粮》《甩稻》《玉米丰收》等，都被上海博物馆收藏。这里我们来看看《收割》这件作品。中国是个农业大国，在历史上黄杨木雕这种欣赏性质的工艺品，表现农民劳作的几乎没有，有的只是士大夫眼里的"渔樵耕读"，是那种散漫悠闲的农民形象。而徐老师创作的是正在收割劳作的农民，刻画的是因为勤劳而获得丰收的喜悦，可以说是不落俗套的新视角。在《收割》中，徐老师塑造了一个正在割稻的农民和一个捧着一束刚割下来的稻，挺直身体展望田野露出笑容的农民，这一弯一伸两个农民和一低一高两束稻谷的构图所形成的主线，使这件作品看上去结构均衡而有向上的旋律和节奏，整体构图有一种蓬勃向上的感觉，非常美！

徐老师幼年在孤儿院的时候，他是7岁的时候，从外滩的十六铺码头附近的一个孤儿院（南市普育堂①）

① 南市普育堂，位于黄浦区普育西路105号，是上海儿童福利院原址，今为上海民政博物馆。

转移到土山湾孤儿院（工艺场）去的，一直待到10岁。在那里开始学习雕塑、素描，还有（做家具的）木工，还有铜工，上海人说铜匠。他学的东西比较多，人也勤恳，而且聪明，学过的东西过目不忘。当时徐家汇的外面可能还是田地，不是城市，应该还是很郊区的地方。等他到了18岁，满师了以后，还没有离开孤儿院，因为他外面没有亲戚没有朋友，也没地方住。照理说18岁以后，孤儿院培养了他的技术，他自己要出去谋生。那么其他（学生）都走了，他没有地方去。后来有一位神父，他们以前不叫神父，是叫相公的，有一位马相公，能理解他，跟他谈心，理解了他的情况以后，正好孤儿院里边有一个门房已经离职了，里面空出来了，就让他去门房间暂住。就这样，徐老师一直住到二十多岁才离开孤儿院。在那两年时间里，按照孤儿院里边的规则，他可以自由进出孤儿院了，也可以出去到外面工作。因为土山湾孤儿院（工艺场）里边，有许多工种，有许多工人，他们下班要回家的。所以我想徐老师在18岁到20岁这段时间，肯定在郊区看到过农民耕田种麦子、种稻子或者收割这一类工作。而且把这些生活场景都反映到他的作品当中了。

徐宝庆《收割》

这一件作品当中两个人物动作不一样，一个女农民在割稻，男农民已经割好站起来了。割稻的动作，和我去崇明岛劳动体验生活时看到的、体验到的是一样的。腰很酸的，割稻不累，但腰特别酸。从这一件作品上来看，我觉得这个组合非常有艺术性，两个人的表现和作品的构图来看，很有节奏感。感觉上，不像是说劳动是很艰苦的一件事，在徐老师的构图上面，呈现出劳动是一件很愉快的事。你看这个男的在开口，也许他口里在唱山歌，也许他在庆幸丰收了，他的面容是笑容，虽然是侧面，但是你可以看出他的表情是笑容。这个女性她也没有很累的样子，你看她的表情，尽管头是俯视的，只看到一部分，但是你没有看出她很劳累的样子。那么这个造型整个来看，我觉得是很均衡、很美的。

像这样的一个作品，难在什么地方？从雕刻角度上来说，它有两个维度，一个是前面的，一个是后面的，两个人物。这两个维度做起来难度还可以，不算高。但是难度高的是稻穗。你要把稻穗雕刻出立体感，感觉里边是蓬松的，这就不容易了。从素描的角度来观察的话，你会感觉到上面每一颗稻穗都是非常丰硕的、饱满的。而且他刻得很精细的，就是说很费工的，你如果没有耐心，这个东西玩不转的，每一根稻穗的姿态都不一样的，这是非常写实的一件作品。

《捕鱼》/讲述者：闻志高

《捕鱼》是徐宝庆老师20世纪60年代的作品，他的作品常常是表现当时生活中的劳动群众。《捕鱼》塑造了一个沿海渔民捕鱼的群雕场景。20世纪60年代中期是社会主义集体生产发展比较稳定的时期，农村从落后的生产模式进入到社会主义发展经济的时代。《捕鱼》运用写实的刀法刻画出在蓝色海域中乘风破浪的渔民兄弟。

《捕鱼》这件作品运用典型的三角整体构图，由上而下发散的渔网布满作品下端所有宽度，渔网产生反向趋势的斜线，连接了三名赤裸上身肌肉发达的渔民，他们正在齐心协力把满满的渔网拼力拉上渔船，渔民们肩并肩携手奋力呐喊，迎接又一次丰盛的收获，这一瞬间同时也把观赏者带进了欢呼的海浪中。

徐宝庆《捕鱼归来》

传统题材

《五子戏龟》/ 讲述者：林翧

　　《五子戏龟》这件作品是徐老师在1954年开始创作的，我认为这是徐老师艺术创作上的巅峰之作。

　　1957年的夏天，我第一次去拜见徐老师，出乎我意料的是徐老师很年轻，壮实的身材，额高脸圆，稳重静气，话也不多，和善可亲。因为我之前在温州已经临摹过徐老师的作品，所以我们很快就相互熟悉了。徐老师当时就一间房，卧室兼工作室，结婚照挂在床头，靠弄堂的窗边放着一张大工作台，上面有许多雕刻刀，再上面有一个搁板，放着三五个已经雕好的作品。有桑木雕的老农像，刀法表现清晰可见；有枣木雕的农妇立像……最吸引我注意的是一个用黄杨木雕刻的人体解剖像，据说原作者名叫"乌同"，是西方研究人体解剖造型的艺术家。虽然在温州也听说过人体表现手法，但（当时业内）如此认真地学习人体解剖，只有徐老师一人！

　　我在他家看了很多作品。之后，他把床边柜拉开，拿出了这件《五子戏龟》。当时他一只手托着，另一只手盖在上面，这样递给我的，并且告诉我要用两只手拿着。于是我就两手捧着来欣赏这一件作品。我仔细看了大概有半个钟头，团团转地看，后来我才轻轻地把它放在桌子上。它的底座和上面的木雕不是粘着或者用钉子钉着的，它是可以拿下来的。所以如果不是两个手捧着它，上面的木雕容易滑下去掉在地上。可想而知徐老师对这件作品很看重，他是要提醒看的人这件作品应该怎么看。

当时我看了许久，确实为这件作品当中部分和整体之间所取得的调和统一而产生的美所震惊，而心生佩服！乌龟背上的五个小孩每个动作都不一样，但是每一个小孩之间又都互相呼应。正面的小孩和左边的小孩，两个面孔是相对的；但是左边的小孩和上面的小孩眼睛是相对的，手也是相连的；上面坐着的小孩手背也是相连的，所以这一件作品五个孩子之间，无论是动作上还是情感上都是相连的，结构十分精妙。包括下面的红木底座，底座上有四个浅浅的洼坑，比乌龟的四条腿的面积稍微大一点点，木雕放上去就会自己滑到正确的位置上去。所以他的设计思路和缜密程度可想而知。

我一直在揣测这件作品究竟想表达什么内容——想看懂一件艺术作品是观众的迫切愿望。徐老师告诉我这件作品是他的传家宝，不卖的。这句话一直留在我的心里琢磨了许多年，直到20世纪60年代，当我自己积累了许多生活素材以后，对某一事物也产生了强烈的创作愿望，那时候我才理解徐老师这件《五子戏龟》作品的内涵。我们从这件作品上看到三个构成部分，底下是祥云立体

图案（周朝，楚地吉祥物）制作的底座，中间是一只巨龟，上面是五个天真活泼的小孩。龟在传统文化中是吉祥物，大禹治水故事中"玄龟负青泥于后"[①]，可见，龟能负重，龟背又像大地上的山峰，从中我们可以理解为两件吉祥物所构成的是一个文化高度。五个孩子的共同目标就是相互牵拉着登上这个云端上的高度，瞭望前面的大好河山，我理解这是一种对热爱祖国的理念的抒情表达，所以，我觉得这是一件隐喻表现热爱祖国的作品。

当然也可以有另一种解读，"五子戏龟"谐音"五子喜贵"。中国传统文化中，人与人之间的交往，喜欢讨口彩，在欣赏中国传统图案中，不乏这一类讨口彩的吉祥图案。其实我这样的理解是否对，并不重要，每个

①出自东晋王嘉所编写神话志怪小说集《拾遗记》卷二"夏禹"篇："尧命夏鲧治水，九载无绩。鲧自沉于羽渊，化为玄鱼……黄龙曳尾于前，玄龟负青泥于后。"

徐宝庆《五子戏龟》

人在欣赏一件艺术品的时候都可以给出自己的理解，这就是作者与观众之间的互动，也是这件凭着理念创作出来的作品的艺术魅力。这种创作理念与当今流行的"宅创"有根本的区别。前者是在生活积累的前提下爆发出来的创作激情，后者是凭空想象没有生活基础的涂鸦，不可同日而语。我们知道艺术表现分写实与写意，其实，写实也不是百分百的写实，其中也包含了写意的成分，反过来写意也如此，就像徐老师所说的，"师法造化时有提炼"这"提炼"就是写意的成分。

徐老师的作品从来不打草稿，也看不到他画稿，也看不到他做的泥稿，他就是脑子里想，想什么他就刻什么，成竹在胸。然后有料来了，再根据材料的形状再想，再来做，这叫应料设计。所以徐老师在心里的构图和想法非常多。《五子戏龟》这件作品是他的传家宝，为什么？他做这一件作品思考的时间最长，选择的材料也是一直挑到满意才开始做。当然他也不是一直这样做，因为他还要生活，必须每天生产其他作品，一个月可能要做三四件，要卖掉，卖给上海工艺美术品公司收购，收购了以后现钞给他拿走，这是他的生活费。所以他这件《五子戏龟》是做做停停，不是一下子做完的。据说他做了好几年才完成，所以这件作品确实无论从哪一个方面来说都是经典的。

《张飞怒打督邮》/ 讲述者：林翊

人类为推动社会前进，需要掌握工具以提高技术，当技术掌握到娴熟入化的境界，施展技术的过程本身就成了艺术表现的过程。在各种领域里高手达人施展技术的过程，比如把拉面拉到发丝那么细，都会令人陶醉其中。

所以，看徐老师的创作过程也是一种艺术享受，为什么这样说？因为按常理，每个人的创作都有个构思的过程，然后把构思落到草图上，甚至捏成泥稿。但是徐老师完全把构思储存在脑海里，我在徐老师家里学习的时候就没有见过他有草图或泥稿，即便在研究室也没有见过他画草图或做过泥稿。要知道他的每件创作都是新的、唯一的，即使做相同题材的作品，也是按材料形态"随意"打坯成型。譬如《拔萝卜》这个题材就有许多不同的构图造型，《张飞怒打督邮》也有多个不同的构图造型，这都是根据材料的自然形态设计的，这就是"天趣性"，在工艺美术这一行里最讲究的就是应料设计。

这件《张飞怒打督邮》，（最早的一件）大概是1957年的10月做的，徐老师打坯的时候我就看到了，后来修光的时候我也看到的。他大概做了十来天，做的速度很快。那么这件作品为什么引起我的注意呢？当时我觉得这件作品跟其他的作品完全不一样。我看过《三国（演义）》，"三国"里大概第二回就是"张飞怒打督邮"，（张飞）他是一把抓住他（督邮）的头发，拉着要到衙门里去，书里有这样的描述。我发现徐老师做的跟我看到的"三国"的情节相符，所以印象

徐宝庆《张飞怒打督邮》

很深。我觉得这件作品造型特别有力量,一个是拖着就跑,一个是拼命想挣脱,很痛苦。就是两种力量的对抗。

现在的照片还不是原来的作品,不是原作,是又根据木料来(复制的)。当时(原作)督邮他是屁股和一只脚着地,拖在地上,还有一个左腿吊在上面,在挣扎。一个是拖着往前跑,一个是在挣扎不要跑,就是这样一个情形。但是复制的作品要根据料来,而这件料就无法满足(原来的造型),这个督邮(只能)半躺在地上,半躺地上这个料宽度要大,所以这个造型也要有变化。那么徐老师的特点是应料设计,有怎样的料他就怎样设计。材料无法跟原来的一样,他就重新设计一下。

徐宝庆《张飞怒打督邮》

　　看到这件作品之后我印象太深了，后来我当夜回去就打好了一个毛坯（临摹这件作品）。后来在掘毛坯的时候，我根据自己的想象，我觉得张飞现在的形象（从正面看）是往右侧面，而督邮是面朝正面的。在我看来，张飞应该是正面人物（应该面向正面），督邮（贪官形象）应该头部朝上，因为头发被抓着拖了走，头应该是朝上再转过来，更加增强了抓头发的痛，所以我把（我作品里的督邮）那个头改为朝上。

　　在临摹这件作品的时候，它的内距，两个人之间的关系是必须注意的。尤其是这些孔洞，如果你打坯的时候，像肩胛下面的孔洞，如果大了，你就收不上去，所有姿态就要变，如果不变，造型就（和原作）完全不一样了。这就是"内距"，两个人之间有内距；一个人两条腿之间也有内距。我们做雕刻跟做雕塑是不一样的，做雕塑是可以加减的，少了可以加上去，多了可以用刮刀刮掉、减掉。但是雕刻不行，雕刻是做减法的，越减两者之间的距离越开。所以内距（一开始）只能小，不能大。对于打坯的学生来说，你必须告诉他这个，这是非常重要的技术问题。所以不管是一个人，两个人，或者是多人，如果内距控制不好，整个构图就松散了，甚至这件作品就失败了。打坯失败，整个料就报废了。如果只是自己创作的话，出现这个问题还可以挽救，还可以改变思路。如果是仿制的话就无法改变，就彻底失败了，只能换一块料，那么这块料和花的工夫你都浪费了。我跟学生在上黄杨木雕课的时候，打坯这个问题上特别强调的就是内距。这件作品也是一样，如果不注意（张飞）两腿之间的内距，造成一条腿特别厚，然后就发现重心不对了，（张飞）他发不了力。那怎么去拖动督邮呢？这样一来整个意图就被破坏了。

  那一件作品因为是临摹的，是徐老师的原作、原创，所以后来我那个作品没有拿出去过，一直放在家里。曾有朋友来看到想要买，我说这件作品不卖。后来一直到退休，到我80岁生日，就把这件作品送给厂里了。因为我是传不下去了，我没有孩子，其他我在业余时间做的作品基本上都卖掉了，只剩这么一件。

《三英战吕布》/讲述者：闻志高

《三英战吕布》是集徐老师精致、经典的木雕技艺和天才般的创意构思为一体的工艺大作，这是他一生作品中的封面之作，是上海黄杨木雕作品中的绝品，成为后人无法抄袭临摹的多项工艺技巧的高峰。

徐宝庆老师一贯非常珍惜黄杨木雕的材料，他常常挂在嘴上的俗语就是"千年难长黄杨树"，尤其高山小叶黄杨，每一寸都是靠着山民们冒着危险悬挂在山崖中，一段一段用血汗换取而来的。徐老师在选择材料时，常常会一遍又一遍地观察材料的自然形状，不断思考怎么利用材料天然的造型并实现最大的利用价值，雕琢出体积更大结构更复杂的作品。木材若有个大的结疤或污斑，都会在徐老师的精心构图中被巧妙利用。《三英战吕布》这件作品就并非在一块无瑕疵的优等材料上雕琢而成，但徐老师对不佳的材料也不是丢弃一边，而是用心地一

徐宝庆《三英战吕布》

步一步掏空、去除黑斑或树瘤，留下相对好料的形态，再经过千思万虑的想象，又不断地敲打材料，推敲寻找潜在其中的"主人翁"。《三英战吕布》就是徐老师在不断地对材料形态进行挖掘的过程中捕捉到的创作灵感。徐老师一旦灵感在握，便日夜难眠，废寝忘食（进行创作），一刀一锤，不把作品中的主人翁一个一个"掏"出来决不善罢甘休。

《三英战吕布》是一件充满了动感的黄杨木雕大件作品。徐老师精心塑造了人物马匹的写实和逼真，作品夸张的动感与激战中的场景凸显了刀枪不容的冲击力。三位英雄前赴后继地决斗吕布，虽是静态的作品，却展现出一场震耳欲聋的激战，震撼着观赏者的心灵。赤兔马一声嘶吼，吕布瞬间欲降夺路而去。从《三英战吕布》中能看到徐老师顶峰时期的工艺技巧的高超，经典的艺术构思令人观后回味无穷。

现实题材

《少年科技》（《我们爱科学》）/ 讲述者：林翊

我们再来看看徐老师在1958年仲秋做的象牙雕刻《少年科技》（又名《我们爱科学》）这件作品。首先，这件作品的用料是个非常专业的问题，尤其是象牙，牙雕艺人必须首先考虑如何用料，因为象牙材料十分昂贵①，再加上分量轻重还是作品计价的因素之一。从艺术构思上来分析，怎样充分利用好这段象牙材料是关键。

可以看出这段料有二分之一是牙筒，也就是说这部分的中间是中空的，而徐老师充分利用了这段牙料，独具匠心地雕刻了两男一女，正面看是一男一女两个青少年舒展身体向上放飞机的动态和形象（另一个男孩蹲在右后方），正面两个人物造型的强烈动感，表现了强大的生命力和不凡的气势，动作昂扬而舒展。多余的牙料用稻穗来衬托，刀工精巧，稻穗灵动。徐老师把粮食与科技联系在一起，这也是巧妙构思之一。儿童的动态，尤其是女孩的头、胸、臀三腔的对置关系生动而自然，这需要扎实的人体解剖知识才能做到。作品构图十分紧凑，左右两个孩子的动态主线刚柔相济，作品雕刻得玲珑剔透，整体感觉积极向上，这就是这件作品给人们最大的美感。

这是一件海派象牙作品中难得一见的精品，从这件作品中，我们可以看到徐老师内心对前进中的新中国充满了憧憬，这也是这件作品的意蕴所在。

① 根据国务院规定，我国于2017年底全面禁止商业用途的象牙加工及销售。而《少年科技》这件象牙雕刻作品是在20世纪五六十年代采购和加工设计的作品，现仅做陈列观赏用。

徐宝庆《少年科技》

二、侯志飞：以爱谱写黄杨木雕的色彩

　　我愿意一辈子做一个诚恳、谦虚和认真工作的一员，黄杨木雕贯穿了我一生中每天的工作与生活，同样黄杨木雕的创作、制作的过程，也凝聚了我毕生的精力。我虽然没有大的贡献和成就，却也从不后悔把一生容纳在黄杨木雕艺术的殿堂之中，雕刻让我享受了人生无限的快乐、幸福与健康。

　　海派黄杨木雕不同于传统的雕刻艺术品，它容纳吸收了西洋的雕塑、素描、绘画的理论和技法，在人物作品的构成上，是建立在艺术人体解剖学和美学的理念之中。海派黄杨木雕的特点是每一件作品的四面，都可环视欣赏，是立体的艺术品，也因此被称为雕刻中的圆雕。

　　为海派黄杨木雕多创造一件作品，是我一贯平凡的工作，而成为我一生不平凡的追求。

侯志飞

　　侯志飞（1934-2017），上海人。海派黄杨木雕技艺传承人。1958年进入上海工艺美术研究室，专职学习黄杨木雕技艺，师从徐宝庆。1967年进入上海市市百七楼工艺美术厂，从事黄杨木雕相关工艺品生产。1987年进入钦州路工艺美术厂，从事工艺品生产加工。一生创作过众多黄杨木雕精品，如《飞跃》《农儿乐》《争上游》等，是海派黄杨木雕技艺的代表人物之一。

侯志飞访谈
随谈：相遇黄杨木雕

我出生于天主教教友家庭，自小喜爱美术绘画。幼年在徐家汇的"蒙学"幼儿园度过。在汇师小学因学习成绩名列榜首，我被选拔直升到徐汇公学初中学习。初中后又以优异的成绩被选拔直升到徐汇公学高中部就读。

在小学读书期间，我的绘画与书法作品多次在学校举办的美术与书法汇报展览会上被展出。特别在徐汇公学读书时，受到田中德相公的特别栽培。课余时间，我就在徐家汇始胎堂的更衣所内习画，田相公亲自教授我素描，并把我引荐给了雕塑家张充仁①老师。我的素描作品"伟洛尼加"得到了张充仁老师的首肯。少年时代的我看到张充仁老师的许多雕塑作品，大开眼界的同时也给我留下了极其深刻的印象。

1955年，徐汇公学毕业前体检时，我被发现患有"色盲"症，被迫放弃了报考美术学院绘画系。田相公见我十分沮丧，建议我转学雕刻，并亲自带我到黄杨木雕大师徐宝庆老师家中拜访。田相公与徐老师是旧相识，在土山湾孤儿院时他们就是师生。田相公向徐老师介绍了我的情况，请徐老师收我为徒学习黄杨木雕艺术技能。徐老师当时就答应了，他直爽地说，你读完书毕业就来！

1956年等我高中毕业，可田相公却离开了中国就此杳无音信。没有了介绍人的我只能忐忑地独自登门，拜访了徐宝庆老师，再次请他收我为徒。庆幸徐老师还

① 张充仁（1907-1998）：上海人，著名艺术家，擅长雕塑、绘画。历任之江大学教授，上海美专教授，中国美术家协会上海分会副秘书长，上海油画雕塑创作室主任。出版《张充仁雕塑选》《张充仁水彩画选》等，作品《无产阶级革命创造中华人民共和国》曾获上海纪念性雕塑一等奖。

认得我并收下了我。他带我进工作室后，语重心长地对我说，木雕是比较难学的，既然要学习黄杨木雕，就要坐得定，要有恒心，才能学得好。早年曾有人要拜徐老师为师，但后来半途而废的例子不少。我明白徐老师在激励、教导我，也是告诫我对雕刻的学艺不要图一时的兴趣。

当时徐老师比较忙，时间宝贵，所以我每星期去一次，给老师看我的作品，他有时给我修改修改。那时我的家庭经济比较困难，我在姐姐的厂里做临时工，白天上班，只有晚上和星期天有时间，用于学习黄杨木雕的时间很少。一段时间后，我觉得这样长期下去无法学好黄杨木雕，所以跟我的父母商量，辞掉厂里的工作，专心学习雕刻。从1956年到1957年，我在徐老师那里学习木雕，最后有半年多的时间，我辞了工作，专门在那里学习木雕，并开始以此为职业了。

本段回忆根据内部刊物《海派黄杨木雕传承人——侯志飞》材料整理，闻志高等编写。

随谈：我的老师徐宝庆

我的恩师徐宝庆有着催人泪下的苦难童年。他3岁时父母便离开人间，与哥哥姐姐被旧上海的育婴堂收养。不久后哥哥姐姐都相继死于疾病，只留下他孤身一人。徐老师的童年是在徐家汇的土山湾孤儿院度过的。土山湾孤儿院是民国时期教会属下的慈善场所。徐老师少年时在孤儿院中选择了艺术基础的学习，教会中有传教士和洋人老师，徐老师在洋人老师的指教下学习了素描绘画、西洋雕塑与美术解剖，在他老师的指导下他爱上了雕刻艺术。艰辛、努力与天才智慧，让他的黄杨木雕作品很快在业内名震一方，由此他也创始了海派黄杨木雕的艺术门派，在工艺美术宏大的殿堂中成为耀眼的明珠。

1957年徐老师成婚，我有幸应邀成为他的伴郎，这是我与徐老师唯一留有的一张合影照片。

2002年，徐老师因心脏问题做了手术休养在家，我时常去看望。徐老师还经常与我一同研讨黄杨木雕的艺术技能。徐老师虽然年高身体欠佳，但还在尽力地动手雕刻作品。他把黄杨木雕艺术的创作与制作比作生命，只要身体允许，他必然刻上几刀。

有一次我带了两件模仿徐老师风格的儿童小件作品，请徐老师指点，他一看就笑开了，说这就像他做的作品。其实徐老师对黄杨木雕的艺术认识有独到的门道，所以他的作品风格和对技艺的掌握，后人无法超越和真正模仿。

徐宝庆（右一）结婚照，左一为侯志飞

从学艺时起，我一向敬佩徐老师在作品中的风格、技能和艺术表现力，我竭尽全力在学习领会并接近它，尤其是徐老师令人折服的刀法，表现衣纹、毛发和物质肌理的经典技巧，可直到我退休了还是望而生畏高不可攀的顶峰。

在徐老师的传教下，黄杨木雕几代学员达到一百多人。虽然因社会改革和体制变革，好多学员跨出了原企业和专业，但大部分学员都继承了黄杨木雕艺术的优良传统，继续在不同的艺术领域中发挥着主导作用。一部分优秀的学员还经过艺术院校的再深造，成为艺术系教授、院校校长和旅居国外的雕塑家……

本段回忆根据内部刊物《海派黄杨木雕传承人——侯志飞》材料整理，闻志高等编写。

随谈：工艺美校与美术工厂

1958年，我跟随徐老师进入了上海工艺美术研究室，成为新中国的一名（民间手工艺）员工，直至1994年才从工艺美术厂退休。

当时国家把各个行业的社会上的老艺人集中起来，在1956年成立了上海工艺美术研究室。研究室的学习条件比在家里的时候优越得多，我作为艺徒，在上海工艺美术研究室又重新开始学习黄杨木雕刻。在研究室中，学习的条件好了，生产条件也好了，黄杨木雕行业逐渐开始兴盛，到"文化大革命"之前，可以说是全盛时期。到了"文化大革命"时期，情况一落千丈，我们一度停止了黄杨木雕创作，一直到粉碎"四人帮"之后才重新开始。后来研究室改革了，新成立了工艺美术工厂，研究室的老艺人依然归在研究室旗下，我则和其他一些学生一起分配到了（位于黄浦区）工艺美术厂。"文革"刚结束时，黄杨木雕行业还是很景气的，工艺美术厂在1970届的毕业生中招收了一批比较喜欢美术的学生进培训班，培养他们做木雕。69届的毕业生加上70届的学生，有许多年轻人进入厂里搞生产。我们做生产的样品，他们生产。

过了一段时间，尤其是改革开放以后，国家在发展，工业都上去了，但手工业却渐渐走下坡路了。世界上各个国家都是这样的，工业上去了，从事手工业的人就少了。手工业赚钱不容易，当时国民收入不高，我们生产的东西基本上都是外国人买去的，国内市场受经济限制，很少有人买。黄杨木雕就逐渐走下坡路了。本来工艺美术公司在中苏友好大厦（现上海展览中心）开了一个展销会，我们的作品都在那里销售，后来销量不好，黄杨木雕被迫开始减员，有的人去做丝绒画，有的改行做其他东西，有的干脆离开工厂了，黄杨木雕车间最后只剩我一个人了。在1981年到1982年，领导叫我去做投影瓷像，最终我也改行了。海派黄杨木雕虽然已经成功申请为国家级非物质文化遗产，但如今从事（海派）黄杨木雕的人寥寥无几……

本段回忆根据内部刊物《海派黄杨木雕传承人——侯志飞》材料整理，闻志高等编写。

随谈：月剞刀

学习木雕，第一件事情就是学做工具。趁手的刻刀，首先造型、分量、角度、锋利程度都要刚刚好，使用时如同自己手指的延伸般随心所欲。一般情况下，由于每个人的用力方式和雕刻角度都有细微的差距，手艺人不愿外借工具。刃面细微的破损或角度变化都会影响当时创作的心情和作品的效果。

海派黄杨木雕的工具，大致可分为两类：开坯打大形的翁管凿子与细刻修光用的修光刀。而月剞刀是海派黄杨木雕比较特殊的一种刀具，可以说是为了适应海派

各类刻刀

刀型对比

黄杨木雕的雕刻技艺和艺术风格而产生的。

一开始我以为是"月弯刀",弯弯的刀,但是徐宝庆老师说是"月剜刀"。月剜刀也有各种式样的。小的、大的、有点斜的,还有比较正面的。月剜刀使用时,贴"肉"的地方是刀刃。用工具各人有各人自己的习惯的,譬如刻眼睛,或者小孩面部的太阳穴这种地方,也有人是用圆刀来做的。平刀是不行的。眉毛上面凹下去的地方,眉骨上面的一点点,或者是耳朵上面的部分,都是用月剜刀操作。

作品回顾：《飞跃》

创作于1978年，当年入选第四届全国工艺美术展览会；1978年《上海文艺》杂志第二期封三刊登；1978年上海人民出版社出版小画片；1978年中国邮票局出版"工艺美术"特种邮票之一；1979年上海人民出版社"工艺美术作品选"刊登。

侯志飞：《飞跃》这件作品其实有两件，一件做完后送到北京去展出，第四届全国工艺美术展览会。邮票局当时看中了这件作品，就以它作为票面出了一个邮票。2008年黄杨木被雕被列为国家级非物质文化遗产的时候，我又做了第二件《飞跃》，徐汇区文化局局长和非物质文化遗产办公室的负责人一起到我家里来，请我做传承人的时候，我拿出了第二件《飞跃》给他们看，后来这件作品捐给了土山湾博物馆。

1962年到1978年期间，我国举办了四届工艺美术展览会，第一届我的参展作品是《农儿乐》，第二届是《讲故事》，第三届是《一定要解放宝岛》，第四届

1978年《飞跃》入选"工艺美术"特种邮票

《飞跃》局部

就是《飞跃》。我喜欢反映时代的题材，但是一般反映政治题材的东西销量较差，于是我就动脑筋，既要反映政治题材的东西，又要吸引人，比如说《飞跃》就是这个思路创作的。

《飞跃》是在1978年粉碎"四人帮"之后创作的。当时"文革"刚结束，生产被极大地破坏了，但人们都憋着一股劲想发展，国家势必即将有大的飞跃。我想把这种想要生产，想要发展的感情表现出来，于是就创作了这个作品。龙，象征着中国；骑在龙上的五个儿童就代表了"工农商学兵"，也象征了国家和人民共同飞跃，具有很强的象征性。当时这个作品一出来，就刊登在1978年第二期的《上海文艺》上，后来有好多杂志都登载了。

闻志高：侯老师的《飞跃》创作于1978年，是改革开放号角响起的年份。当年"建设四个现代化的新中国"还是口号和遥远的理想时，已经习惯依赖计划经济大锅饭的群众，还犹如在春眠中昏睡，而侯老师已经敏锐地感觉到中华民族复兴的国运，在时代设计师的带领下将要来临。壮年中的侯老师在冥冥的创作思绪中,看到了中华龙腾空飞跃奔向四个现代化,由此引发了他创作热情的激荡。他看到 20 年、30 年、40 年后……他要在 80 岁时亲眼看到强大的中国屹立在世界的东方。

《飞跃》采用雕塑构图中的 S 形态来塑造巨龙的飞跃动感,五个幼童恰似当年学步的娃娃,代表走向未来建设四个现代化的新生一代。时过境迁,40 年前创作《飞跃》的愿望,已在侯老师心中完美实现……《飞跃》是侯老师一生中的巨作,也是代表他艺术生涯的封面之作。

作品回顾:《农儿乐》

创作于 1961 年。1963 年 10 月 13 日《解放日报》第六版刊登其 1963 年被选送第一届全国工艺美术展览会的相关新闻。

侯志飞: 20 世纪五六十年代,农村儿童惯以放牛为传统的锻炼、成长的方式,享受着大自然有氧的自然生活和广阔的空间。姐弟俩是最好的同伴,母子牛更是他们形影不离的好同伴。

《农儿乐》是海派黄杨木雕中典型的传统圆雕作品,是我三年学艺的毕业作品,完成后受到美术家协会主席蔡振华[①]的赞誉,他认为"这件作品表现生活的气息浓厚,描写农村题材做得很好"。1962 年《农儿乐》被选送北京参加新中国成立后第一届全国工艺美术展览会,展出期间还受到我国著名美术家蔡若虹[②]先生的赞赏。学

① 蔡振华:1912 年 10 月出生,浙江德清人。擅长漫画、美术设计。曾任中国美协理事、上海美协秘书长,上海美协顾问。美术总体设计有北京人民大会堂上海厅与西大厅。

② 蔡若虹(1910-2002):江西九江人。新中国美术奠基人之一、著名美术家、社会活动家。原名蔡雍,笔名雷萌、张再学。画家,美术评论家。

艺期间，我反复临摹徐老师的作品，把握老师的艺术技能和作品创作内涵，变为自己创作、制作的努力基石。《农儿乐》好比是我学艺三年的路途，也是我艺术创作走向社会的一个里程碑和学艺圆满的合格标签。

我还曾经一连数月中，临摹徐老师的著名儿童题材作品《顽皮娃娃》达十多件，并在工艺美术服务部销售一空，来自柜台上的订货催单连连而来。徐老师的作品风格和艺术感染力，不但受到业内的一致赞同而且还受到雕刻爱好者、收藏家的认可。通过实践，我逐步认识到徐老师作品的生命力和强盛的源泉。徐老师不但掌握了高超的雕刻技能，还掌握了作品创作思路中的艺术灵魂，为每一件静态木雕作品添加了生命和活力。徐老师成功的榜样不断触动我的创作，让我深刻地明白徐老师的意念——要牢牢掌握基本的雕刻技能，要在作品创作中展示艺术的灵魂，去感化欣赏者的心灵。

闻志高：《农儿乐》是侯老师学艺的满师作品，也是侯老师出师处女作之一。在徐宝庆老师言传身教下，侯老师一生创作的作品都能看到徐宝庆老师独创的海派风格。《农儿乐》虽然是一件小件作品，但视觉上带来的意境却展现出大好河山的美丽壮景。晨光披在农儿与牛儿的身影上，牛蹄踏在柔软的田埂边，传来小牛追赶牛妈的哞哞叫声……

作品回顾：《讲故事》

创作于1964年，入选第二届全国工艺美术展览会，次年被《广东画报》选为封三刊登。

闻志高：《讲故事》有两个版本。20世纪60年代，广播、电视还在发展初期，夏天的夜晚在避暑乘凉那一会儿，是孩子们聚会听故事的欢快时光。老大爷紧握着拳头，翘着胡子，动情地讲述着抗日战争中，参加端鬼子炮楼的惊险一刻。一张张小脸仰着小脑袋，聚精会神格外紧张和十分担心，在等着爷爷的叙说。一边的小弟弟还太小听不懂故事的精彩的缘故，而去摆弄玩具，姐姐一手牵着调皮"出格"的弟弟，一边还依然目不转睛地听着故事。作品深刻地表现了孩子们不同年龄自然的天性，巧妙的构图完美生动，观后让人回想童年的时光。

《讲故事》第二个版本，和前一个是姐妹篇，是相

同的夏天晚上纳凉一刻，奶奶叙说着童年遭遇：万恶的旧社会，穷人的孩子受苦的生活，把孩子们的心深深打动，小脸露出对旧社会的愤愤不平和对奶奶的同情。姐姐皱着双眉握着拳头放在胸前，小弟弟也听懂了奶奶在说什么，丢下了玩具紧张地躲到奶奶身旁，好像说：奶奶、奶奶，后来呢？后来呢……

侯志飞《讲故事》

作品回顾：《一定要解放宝岛》

创作于 1970 年。1971 年 12 月 23 日《文汇报》第四版刊登，入选 1972 年全国工艺美术展览会展出，同年由《上海广播电视报》刊载介绍。

侯志飞：《一定要解放宝岛》是根据同名题材再创作的作品，海派黄杨木雕以单件和群雕为多，但是十多

侯志飞《一定要解放宝岛》

个人物的大型群雕制作的机会不多，尤其是儿童题材的作品。本人所创作的作品中，儿童题材占有相当部分，也就成为创作作品中的特点。"宝岛"中的儿童群雕达十多个人，是平时创作儿童形象的积累而聚焦在一个作品中的表现。

大型木雕制作有很大的客观难度，利用黄杨木的横向构图的丝流，在雕刻中很容易造成肢体与头部折断和脱落（木纹与造型方向垂直），而为此报废，比起单独刻十多个单件作品难度增加百倍。一件大型群雕要制作二至三个月之久，甚至更长的时间。

闻志高：侯老师的儿童题材雕刻得好，《一定要解放宝岛》，十几个小孩啊，真的很难做。因为雕人像呢，木头是有丝流的，（尤其雕小的更不容易）。我这次雕了一个龙（《腾飞》），就更加发现很难做。什么道理？它这个小孩子的脸在那里，然后做泥稿的时候没考虑到的话，等你做了以后才发现（在黄杨木材质上）脸部就很难处理的，木头有丝流，要把脸雕得很均匀很难，而且有些丝是卷的，确实有困难。木雕雕人，尤其是脸部有点难度，尤其做小尺寸的人物，眼睛鼻子刀不容易抠到。所以雕过以后，我才知道当年徐宝庆老师做群像，包括侯老师做的这些作品，真的不简单。尤其雕刻人物，人家一看就知道好坏的，你做得不好，眼睛大小不一致，鼻子歪了，一眼就看出来了。

侯志飞《拔萝卜》

作品回顾：《拔萝卜》

闻志高：习作《拔萝卜》是侯老师学艺期间临摹徐宝庆老师的作品，从形态、表情以及刀法技能，都是一丝不苟仔细按照老师的作品进行仿效的。创作能力的基础来自临摹和仿效优秀作品，充分吸取原作创作的意念与制作工艺，也因徐老师无私地传授技能，为侯老在学艺期间取得了成绩的飞跃。

时光飞渡跨入了21世纪，黄杨木雕人员早已流向社会各自发展，十多年中为事业为家庭分多聚少。记得一天接到侯志飞大师的电话，传来侯老温和亲切的声音。转眼间他已经退休10年了，他说常在梦中见到和我们年轻人在一起的时候……愧疚中一股热流涌上眼眶，那时因住址变迁、通信工具的更新与侯老失去联系有几年，不久我上门拜访了已经古稀的侯老。过去在企业的年代中，侯老是我们行业中德高望重的前辈，也是和蔼可亲人见人爱的师长。侯老与我都爱好业余摄影，多年来我们之间有着很多的共同语言。我虽然离开企业放下黄杨木雕，心中的刻刀却一直没有放下。侯老退休后常与雕塑公司合作项目，业余依然创作制作黄杨木雕作品，在不大的斗室中放着小小的工作台，躺着几十把闪亮着刀锋的雕刻刀，桌边坑坑洼洼和累累交错的刀痕，时光疏而不漏刻录下侯老六十年如一日的耕耘精神。

作品回顾：《拔河》

《拔河》创作于 1963 年，同年 10 月 13 日在解放日报第六版中与"农儿乐"作品同版刊登，第二版《拔河》创作于 1978 年。

侯志飞：一根粗麻绳两群人马的拔河运动，在 20 世纪 60 年代的学校、企业、机关中广为流传，拔河依靠的是大家团结一致劲往一处使。作品叙说的是，一组三个女孩加一个男孩与四个男孩对抗拔河，四个男孩虎头虎脑还多个小黄狗帮忙，（但他们）却各自为战行动松散，被对方步调一致强有力的力量拖垮在败局之中。作品虽然表现了儿童运动的乐趣，同时也传达了那个时代社会中一个强音：团结就是力量！

侯志飞《拔河》

作品回顾：《争上游》

创作于1978年，入选日本横滨中国工艺品展览会，参加中央文联对外及印度、法国文化交流展览。

闻志高：《争上游》是有思想与时代同步共鸣而创作的作品，当年十一届三中全会决定，把重点转移到建设社会主义现代化的目标中来，全国人民走向全面发展，你追我赶为现代化建设争上游比贡献。为了凸显中华民族奋进的精神，侯老师选用两条鲤鱼腾空跳跃龙门的瞬间，优美的S形态造型中鱼儿在盘旋上升。龙门已经远远地抛在身后，戴着大红花的两对儿童如同驾驭着奔向四个现代化的金舟，破浪中你追我赶地争上游。

侯志飞《争上游》

三、林翊：以情雕琢，海派薪传

艺术是因情而生，以情动人，它与真实的自然是不一样的。作品上大小不一的块面团块组合和流动的线条构成的造型，是吸引观赏者眼球的第一要素，作品的内涵是在欣赏以后才获得的精神启示。

我认为创作人物，表现对生命的渴求和热爱，诠释艺术的魅力和意义，也是民间艺术对社会的责任。我的创作是以百姓生活为视角、反映社会现实的民生题材，不管是成功的作品，还是不成功的作品，都是在用心实践。

虽然现在雕刻家已经用上软轴机作为辅助，但是手工永远是艺术创作过程中的一种重要的表达方式。因为表达语言是通过雕刻家的手来完成的，而作品则包含了手的触感，甚至包含了作者所经历的历史都混合在一起的那种不经意的痕迹，这种感性特质是手工创作所特有的，这一点，最先进的科技也代替不了手工所传达出来的作者的精气神能量。

有些题材是永恒的，譬如：爱国、爱人民、爱科学以及爱人杰等，创作这些题材作品，是一个艺术家的社会责任。海派黄杨木雕必须立足于民间，立足于当代生活，这是从历史走到现在，从现在走向未来的根本所在。也是传统工艺美术保护与发展的根本所在。

林翊

林翊（1936-）浙江温州人。海派黄杨木雕代表人物之一。上海工艺美术大师。1954年师从张始周老师学习黄杨木雕。1957年带艺拜师徐宝庆学习海派黄杨木雕技艺。1958年到上海工艺美术研究室工作。1961年调到上海工艺美术学校任黄杨木雕专业老师。1982年4月创作《炎黄子孙》获得第一届全国黄杨木雕创作设计奖第二名。1970年至1996年，在上海工艺美术厂工作。

林翊访谈
随谈：一次偶遇，终身追随

1957年春节刚过，上海工艺美术出口公司发了一批样品过来，让温州和下面地区的工艺美术厂去复制，每件作品要复制10件。这批作品，我印象非常深刻，它们都是反映现代家庭生活的儿童题材，其中最简单的一件我复制了，就是《扇风炉》。即使最简单的一件，造型也特别夸张：孩子拿着大蒲扇，转动身体180度大幅度地扇扇子，风炉被塑造成发怒的漫画形象，这更符合孩子认真办事"过犹不及"的稚嫩表现，显得既夸张又合理。这四件作品都做得小巧玲珑，人物、道具排布合理，造型写实，全部雕刻在一块木料上，三维团块的结构非常整体。作者用圆雕加上镂雕的技法做出这样的作品，在当时实属创新。托在掌上仔细观看，一阵暖暖的生活气息扑面而来。这些作品与50年代的传统黄杨木雕完全不同，有着鲜明的艺术风格，还具有明显的上海特色。

徐宝庆《扇风炉》原作手绘图

这几件作品可以说在黄杨木雕行业发展的历史上有着重要意义，徐宝庆的名字也随之浮出水面。虽然当时"海派"的说法还未形成，但徐老师独特的个人艺术风格和魅力，吸引了许多年轻人的追随，我也是其中之一。两周后，我在柳市的朋友告诉我，他们也在复制生产徐老师的作品。一场黄杨木雕形式的变革正在潜移默化地影响着青年人。

我心里起了波澜，我也想用木雕表现现实生活中有感悟、能激发创作欲望的作品……

随谈：第一次接触黄杨木雕

我出生在温州，3岁时父亲把我和母亲从温州乡下接到了上海。我们在顺昌路住过一段时间，后来又搬到了合肥路，那个地方我住了比较久，从小学六年级一直到初中毕业。

1953年，当时高中没考上的中学生是由政府安排工作的，我收到的通知是（安排去）一家铸铁厂，因为我从小比较瘦弱，父亲担心我身体吃不消，所以建议我回温州学木雕，因为我在学校里画画挺出名的，还到市少年宫培训过，他认为可以试试搞艺术（手艺）。于是1954年的春节，父亲带着我回了温州，和亲戚们聚了聚，正月十六，我们就去了我父亲的朋友家，我们那里好像有这个风俗，（正月）十五之前不方便去登门的。朋友家在温州的西城街，他开了一家木器店，卖家具的，楼上居住，楼下是店铺，对面有一座教堂。店里已经有一

温州瓯江江心屿

个徒弟了，叫陈国荣，他是党员，在那里主要帮着看店负责经营，我父亲就把我带到这位看上去三十多岁的中年人面前，他的名字叫张始周。

张老师对我提出了条件，如果我能按照他给的仕女图做出一个泥塑，他满意了就收我，不满意就作罢。虽然我之前学过画画，但是没接触过雕塑，只能边想边尝试着做，那天我父亲早已回家，留我一人一直做到下午3点。当我把做好的泥塑拿给老师看的时候，他的脸上并没有表情，只是叫来师娘一起看，师娘说挺像的，挺好的，师傅这才拍板，让我第二天继续来学习。

其实那时张老师也已经失业了，（20世纪）50年代初，工艺美术的出路很迷茫，直到1954年的下半年，中央出了一个政策，要大力发展工艺美术，民间艺人们才又看到了前路。所以刚去师傅家的第一周，我连雕刻刀具也没有，可见他当时也放弃了（自己的工具已经处理掉了），我只能继续按照师傅给的图画捏泥塑。但到第二周的时候，师傅给了我一样东西，就放在工作台上，是一个樟木的盒子，红木做盖，（温州人把雕刻刀叫凿），里面有大概38把各种各样的刀，圆刀、方刀、斜刀、打胚的刀、修光的刀等等，里面还有一根黄杨木的敲锤，分量很重，两头方中间圆，便于手握。这应该是用一周时间做出来的，当时温州街上打铁的还比较常见。此后我在张老师家里做了一年，一开始他没有让我马上学木雕，而是让我磨刀，这套刀具虽然他买了，但是没有开锋，要我自己把它磨出来。

清晚期朱子常黄杨木雕作品，底座为"岩座"样式

第二，他不是有个家具店嘛，他经常要去厂里看货，那里有许多香樟木锯下来的小块（边角料），他就拿来让我做底座。温州黄杨木雕下面都有底座的，是朱子常发明的，被称为岩座。像太湖石，里面雕了很多孔洞，要雕得自然有灵性。张老师就给了我很多不同形状的香樟木边角料，让我雕底座，大概什么样他给我描述一下，好像给过我一张照片。其实雕底座也不容易，我也通过雕底座，了解了木头的习性，比如说一块圆形的樟木，雕的时候，刀的纹路是这样刻过去，它里边一圈一圈的年轮就是往上长，（能看得出）夏天长得快，冬天长慢，这个年轮就是这样出来的。所以木纹方向搞清楚了，整个木头（无论）四面八方都顺的，要摸透它的自然形状，然后知道哪个方向怎么刻，哪一个方向怎么处理，这也是木雕的技术。我从1954年的年初一直到年底，几乎都在雕底座，尽管跟黄杨木雕是间接关系，但是它的技术是直接的。

随谈：温州朱子常与黄杨木雕

黄杨木雕在元朝已经有了，因为有一个作品"铁拐李"，收藏在故宫博物院。温州朱子常可能是第一个（较为有名的专门从事）雕黄杨木的，所以（业内）把他称为鼻祖。尤其是柳市和乐清两个地方，雕花板的老艺人是最多的。花板它有几个用途，一个是建筑上，比如古代的建筑上面有镂雕的人物、动物、花草树木；乐清的花雕，主要用在挂屏上，比如挂屏上浮雕的场景和人物。

元至正二年（1342）黄杨木雕《铁拐李》

宁波的（雕花）床很出名，但是床上的雕花都是乐清的，因为他们人多，工价比较便宜。这些木雕不是黄杨木，一般用的是桦木，比较软，而且料比较大。或者用樟木，樟木我见过最大的，直径有1.3米，把它锯成板，就可以雕很大的浮雕。如果有钱的话，当然还可以用红木。

而黄杨木总的来说，还是做案头摆件的比较多。它的定位是，放在办公桌上，可以把玩。拿在手上摸摸玩玩，平时就放在写字台上作为一种欣赏品。比如说朱子常雕的作品，历史上有名人购买过，还写进日记里，所以影响力比较大。他雕的作品，一个是佛教人物，弥勒佛、观音、达摩等等。其他还有古代的诗人、才子和佳人美女，朱子常雕的都是符合文人审美的东西。第一次看朱子常的作品，我印象较深的地方是，他的脸部雕刻得特别精细，人物动作幅度不大，但神态十分传神，能引起观看者心里的共鸣。

我的老师张始周是朱子常第三代的徒弟，还有一位是在乐清的王凤祚[①]老师。张老师自己倒没怎么提起过，但他跟我说过他学的是朱子常的风格，包括做的底座也是朱子常的风格，但是他刻的东西跟朱子常又不一样了。张老师喜欢搞两个人的造型，一个人物的做得比较少，两个人物之间有呼应，有动作的呼应和表情的呼应。当时朱子常也有多个人物的作品，但是以前温州本地的黄杨木比较小，不能像现代海派黄杨木雕一样一整块上雕出来，朱子常的人物是分散的，单独做的，再通过下面的底座拼装组合，它下面有钉，平头用老

① 王凤祚（1905-1993）：生于浙江省乐清市翁垟镇前街，现代黄杨木雕艺术大师，是近代黄杨木雕发展史上承前启后的重要人物。

（清）朱子常《送子观音》　　　　　（清）朱子常《苏武牧羊》

虎钳夹掉了以后，一头钉在底座上，另一头钉在雕刻的人物脚下以固定。

当时的黄杨木雕制作还没有过多考虑应料设计，因为流传下来的木雕形式还是朱子常创造的模式，是按思考好的设计构图，分别做好人物或陪衬物，然后组合在一个设计雕刻好的岩座上作为整体造型。概括地说，浙江黄杨木雕发展历史悠久，手法以圆雕为主，作品题材多取自民间故事和历史题材，传统作品整体感觉时代性不强，缺乏创新；海派黄杨木雕的表现手法是圆雕与镂雕相结合，将西方的素描技法、解剖知识和雕塑技巧与中国传统的雕刻技法融合，创造一种"中西合璧"的美学效果，具有鲜明的时代性。

随谈：关于民间工艺美术和艺术的思考

民间工艺美术是关于大众生活的民俗艺术，是经济和文化的双重载体。其通俗易懂的表述方法，代表了民间手工艺的特点。有人说，文人雕塑最大的不同是不计成本，他们追求的艺术木雕都是雕塑家自己创作的，自己雕刻而成，内容和形式都考虑得比较成熟，表现形式比较自由，更讲究刀味和木趣的运用，独具审美和欣赏价值。其实民间艺人创作的作品何尝不是如此！不同的是，民间艺人要靠创作生产生存，所以显得不那么潇洒而已。在黄杨木雕七百余年的历史当中，不难看出，它们的创意都是通俗易懂的，正好印证了中国工艺美术史所归结的五点审美特征：和谐性，象征性，灵动性，天趣性，巧性。这种特征，在悠久的历史中，潜移默化地传承着。

个人觉得艺术创作应该充分发挥载体材料的可塑性特征，内容形式要统一。民间手工艺原本就是植根于民间的艺术，民间艺术是以和谐为审美核心价值的艺术，在当今社会应该有更好的发展余地。

（20世纪）60年代，我在就职上海工艺美术研究室的多年时间里，看了不少书籍，阅读了大量西方美术和中国工艺美术的图书资料，获得了不少知识。如雕塑大师罗丹说"绘画、雕塑、文学、音乐，彼此的关系比常人所设想的要接近。它们都是表现站在自然前面的人的感情，只是表现的方法不同罢了"。这段话对我的启示很大。我认为，黄杨木雕应该为现代社会提供精神食粮。跳出小圈子、关注大社会应该成为黄杨木雕新人的任务。所以我对自己的要求是，按照自己对生活的理解和感悟进行艺术创作。创作人物，表现对生命的渴求和热爱，诠释艺术的魅力和意义，也是民间艺术对社会的责任。我的创作以百姓生活为视角、反映社会现实等民生题材，不管是成功还是不成功，都是在用心实践。

艺术是因情而生，以情动人，它与真实的世界是不一样的。所以艺术创作，第一要美，第二要有内涵。正如黑格尔所说"艺术以美为其特性，艺术并不是唯美的，但它必须具备美的特性"。审美功能是艺术的基本功能，并且使其他功能发挥出作用，比如"寓教于乐"的功能。中国工艺美术浸透着中华民族的文化精神和审美意识，富有鲜明的美学个性，海派黄杨木雕也应该随着时代的变化，继续体现它的地方特色和传统文化精神，继续表现当代人的精神面貌是海派黄杨木雕或者说上海木雕（圆雕）的特色。

当然，坚持写实主义创作的道路也必须力求多样化、个性化，追求探索写实传统的现代性和民族性，去适应国情和人民的需要。不同的审美主体有不同的审美需求和审美选择，但是，中国工艺美术的历史已经证明，在一定的历史时期内，最具代表性的仍然是那些能够深刻表现时代精神面貌的作品，而这正是写实主义的方法。

随谈：如何欣赏黄杨木雕

中国传统工艺美术的五个审美特征：1.和谐性（题

材)。2.象征性（内容）。3.灵动性（动态造型）。4.天趣性（材料美）。5.工巧性（独具匠心）。这些特征在徐宝庆老师的作品中都能感受到，所以，在传承海派黄杨木雕时，这些精华必不可少，是保证其特色的传承要点。

　　黄杨木雕是一种小型的圆雕艺术品，具有很长的历史传统，它以细腻的雕刻技艺，表现了广阔的社会生活与丰富的人物形象。这种小型雕刻是摆在家里或工作案头，用作美化生活、点缀环境的，从而起到提高文化素养，陶冶性情的作用，具有艺术的感化功能。这种小型雕刻是以形状、姿态来表现思想感情的。欣赏大型木雕是远看，讲究的是气势；欣赏小型木雕是拿在手上把玩、近看，这时候作品的手感和精细程度就非常重要，手感就要圆润、不碎手，雕刻精细才能耐看。黄杨木是种千年难得的材料，木质细腻紧密耐腐蚀，天然呈乳黄色，时间愈久颜色由浅变深，把玩久了会产生包浆，有古朴典雅的美感，是一种特别好的小型陈设工艺美术品，也是收藏者偏爱的藏品。

　　我国在改革开放以后，价值取向与审美观发生了很大的变化，传统手工艺与现代社会的对立，已成不争的事实。上海黄杨木雕组20世纪80年代人才流失严重。海派黄杨木雕曾经是上海的一张名片，人民大会堂曾有徐宝庆老师的作品，过去上海市政府与外国政府的友好交往中，多次以本地的黄杨木雕作为礼品。但海派黄杨木雕不能吃老本，必须与时俱进，表现更具有民族特色和时代精神的内容，为现代生活服务。

社会生产（无论是物质还是精神的）都必须与人的需求相适应，不应该让人们强制接受不需要的东西。传统工艺美术也是这样，不能仅为了传统工艺美术的传承而生产，黄杨木雕也不例外。社会的现代化，更需要手工工艺美术的出新，精雕细刻充分发挥黄杨木雕木质的特性，是不容忽视的。工业程度越高，手工雕刻的作品将越来越少，按市场规律，越少的东西则越受重视、越贵重。

作品回顾：《鸡毛信》

林翊：1956年，一部革命题材的电影《鸡毛信》[①]在温州放映，我去看了，看完非常感动。当晚我迟迟不能入睡，我想的是为什么黄杨木雕与社会离得那么远？为什么不雕刻一些离时代近一点的东西？于是我和师傅商量了以后，决定把电影的内容表现出来。我选取了海娃牧羊放哨这一情节的瞬间，把它雕刻出来。《鸡毛信》这个作品呢，因为温州当时的木料都很小，没有大料，不像湖北那边的料那么大，没办法几个人物都雕在一块料上，所以必须分三块料拼在一起。这个"拼装"的风

①电影《鸡毛信》：上映于1954年，导演石挥。

林翊《鸡毛信》

格也是朱子常发明的。

当时其他人看了都感觉吃不准，不是才子也不是佳人，这个东西卖不掉的！但是社长是我的师兄，陈国荣，虽然他也没把握，但他说没关系，先拿到工艺美术公司去（试试看）。工艺美术公司在解放路上有一个门面，里面有四五个玻璃柜，展示工艺品的样品，师兄说可以拿过去做做宣传。本来我在南门上班，工厂就在门店对面的丁字路。后来我们厂经过三年的快速发展，已经有了近百人，只能搬到南门以外去，所以回家必须经过这个门店。结果我发现门店外有许多人在看我做的这个东西，我听他们好像也在议论纷纷，虽然我听不清他们说的内容，但说明这个东西还是有人要、感兴趣的，这等于是开辟了一条新的路子，它成为了我的处女作。

五十余年后，在2010年10月世博会上海活动周期间，纸媒上又一次见到"海派黄杨木雕"的多篇报道：上海《劳动报》10月25日标题"海派雕刻三大品种受到追捧"其中就有海派黄杨木雕；《上海每周广播电视报》2010年10月21日"乐话收藏"栏目，有篇文章的标题是"黄杨木雕——海派味道交关好"。这两份报纸的刊头图片都是黄杨木雕《鸡毛信》。《中国商报·收藏拍卖导报》2010年10月21日报道了《鸡毛信》以69440元成交。这件作品是1956年创作的，我觉得冥冥之中似乎与徐宝庆老师有一种缘分，那种追求写实主义，反映现实生活的艺术愿望，促使我冲破困难，于1957年7月拜在徐老师门下，成为他的弟子。

作品回顾：《背萝卜》

林翎：1957 年，我辞去了温州工艺美术雕刻合作社工作之后返沪，成了个体民间艺人。由于是带艺拜师，所以我可以说是个内行。常言道内行看门道，从 8 月开始，我每周四都到徐老师家学习。一般我就静静地坐在徐老师身边看他操作，徐老师也不会解释操作的问题，因为实际操作可以看得到的。其实拜师学艺的过程都是这样的，这叫作"言传身教"。而民间师徒的传承中，"身教"比"言传"多得多。"师傅领进门，修行在个人"，一般民间艺术家所做的作品，大家看到的只有一个结果，看不到制作过程。过程就是秘密，师傅愿意让你看，就是在教你。

当时我最关注的是雕刻刀的特点，雕刻技法方面的手法特点，团块结构组合的特点，和创作实施的过程。而这些完全是我在全神贯注中默记在心的。那个时段，徐老师雕刻最多的是儿童题材，如《扛玉米》《拔萝卜》等作品，特点是写实和夸张相结合，如玉米、萝卜等都被放大而且雕刻得逼真生动，相对而言孩子的比例要小得多，可见"艺术形象唯求情感逻辑，不惮违背日常事理"。作品上流动的线条与大小不等的块面巧妙地组成了一个运动的团块结构，造型充满活力，生动且引人注目。在应料设计上，徐老师创作从来不打明稿，他打毛坯是根据料的形态，成竹在心，相机而行。所以徐老师创作了许多个《拔萝卜》的作品，没有一件是相同的，这种技艺的熟练程度让我佩服之至！

徐宝庆《拔萝卜》　　　　　　　　　　林翊《背萝卜》

　　我看了徐老师的操作，还要自己琢磨其中的道理，领悟个中奥妙。回家以后，我先凭记忆，模仿类似题材的作品。首先把儿童造型练习得比较像样了，才创作构思自己的作品。在这一段时间里，我也改变了学习方法，譬如说，我做了多个《拔萝卜》，但首先我关注的是徐老师雕刻的萝卜叶子是怎么组合的，这是作品的关键部分，因为萝卜叶子有许多张，大小不同形状各异，如果不组合起来，在木雕上就容易折断，而且造型不好看。而组合起来雕刻不仅和谐美观，更能体现出镂雕技术之美，很见技艺功夫。所以要利用萝卜叶子自然翻折的变化进行合理的组合。搞清楚这一点以外，还要练习儿童的造型，尤其是运动中的儿童动态造型，着力点和重心是关键，这些问题搞清楚以后，就可以进行自己的创作设计了。

在实践多次以后，我受益匪浅，于是在1957年冬天，我决定"不拔"了，换一个思路，创作了丰收归仓《背萝卜》。当时手头正好黄杨木料用完了，我去上海十六铺码头江边木场，买了一根白桃木回来，这件作品就是用白桃木雕刻而成的。白桃木质地比黄杨木略软，没有明显的年轮纹样，质地细密无棕眼，呈温润的象牙白色，也是很好的雕刻用材。

在这件作品的创作过程中，我领悟到，在确定主题以后，意象的体现可以先用抽象的点、线、面、体构想出三维空间的立体关系，然后用实体取代。点、线、面、体虽然是抽象符号，但这些符号可能引起人们的联想，表达出对应的思想感情。比如直线表示坚定；斜线表示动感方向；曲线表示流动；圆体让人联想到太阳、生命、活力；方体感觉是敦厚；而点，是一切的开始。这些基本常识，必须加以关注和研究，对当代艺术也是如此。

《背萝卜》这件作品最终被上海博物馆收藏，说明它达到了一定的艺术水准。作品上大小不一的块面团块组合和流动的线条构成的造型，是吸引观赏者眼球的第一要素，作品的内涵是在欣赏之后才获得的精神启示。

作品回顾：《无题》

林翙： 这件作品为什么没有名称？因为我起不了名称。为什么会做这一件作品？因为（20世纪60年代）我在工艺美术研究室的资料室里，翻阅了很多中西方艺术理论和工艺美术类的专业书籍，在一堆专业杂志里看到了《美术研究》①这个期刊，这里边介绍了很多艺术品，包括雕塑，当然许多是希腊神话，但是也有比较生活的，有自身创作意图的东西。那么我看到其中一件雕塑，是一个女性骑在牛上，牛在狂奔，这个女性在牛身上显得又紧张又开心，脸上有一种复杂的表情。尤其是那头牛，我觉得它简直是在奔驰，就特别引起我（注意）。在我原来的印象中，牛就是动作很慢的，拐个弯都要半分钟，比较笨拙的。（但是）这件雕塑给了我一种全新的感觉。

那么这件《无题》就是我在研究室工作的时候业余创作的，当然用的都是徐老师的方法。但是我把底盘的做法改掉了，下面的底盘没有了。徐老师的作品下面都有一个大约2厘米到3厘米厚度的底板，上面的结构全部在这块料上面，所以它这个特点也是拓展的，以前温州没有的，当然现在都有了。那么我当时想了一下，我想这块料做成这样的话，下面的东西没有必要全部留着，就把底座去掉了。因为这一条牛腿是踩在地上，我做了许多草，感觉牛在草地上奔跑。这样一来，草丛有了一个体积和平面，如果下面再加一个底盘托底，构图看上去就把牛飞奔的动态削弱了，所以只保留这一丛草，起到一个底盘的稳定作用。

① 《美术研究》创刊于1957年，双月刊，是由中华人民共和国教育部主管、中央美术学院主办的学术性期刊。

林翊《无题》　　　　　　　　　　　《铜奔马》（图片来自甘肃省博物馆官网）

　　那么上面的女性我也改变了动作，跟原来雕塑的造型不一样。她原来是两条腿跨着那头牛，我做的是侧坐在牛身上，一只手扶着牛的臀部，一只手里拿了一束花，就贴在牛颈上。原作女性是裸体的，我也做的裸体，但是围了一条丝巾在她的身上，丝巾没有飘出头，反面可以看到丝巾贴在牛身上，最后结束在牛的臀部，这是一个飘的动态。

　　毛关福：1958年，林翊老师开始构思《无题》这件作品。在徐宝庆老师那里学到的动物解剖知识得到了展示的机会，但是尚缺人体解剖知识，这一耽搁就是6年。在工艺美校执教期间，他悉心跟陈慧珍老师学画人体素描，终于掌握了关于人体的知识，顺利完成了这件作品。

　　牡牛在狂奔，低头扬尾，三足腾空，风驰电掣般猛冲，而女郎侧身坐骑，左手前伸持鲜花做逗乐状，右手在后安抚做鞭策状，体态轻盈柔美，风姿婉丽，与牡牛的强壮身躯、劲健有力的肌腱形成强烈对比，俏女驭憨牛。牡牛左后腿夸张地向后扬奔，与悬空的前右蹄形成了一条前冲的倾斜线，狂奔的力度势不可当，显然作者吸取了汉代画像砖动物画的精华。无独有偶，这种奔势出现在1969年出土的《马踏飞燕》①中，而《无题》问世于1964年，所以绝不是借鉴，而是作者的综合性艺术修养的造就，是文化底蕴积累后的喷发。

这件作品更妙在取名《无题》，如果放在西方，大多会取名为《骑在奔牛上的女郎》或者《女郎与牡牛》，而林翊老师将它取名《无题》，有如在皇冠上镶嵌宝石，熠熠生辉，让观者浮想联翩，有了更广阔的想象。这件作品构思深邃，构图险突，取名巧妙，令人啧啧称奇。这种浪漫主义的情调，充实了徐宝庆老师幽默风趣的海派黄杨木雕风格的内涵。

①铜奔马：又名"马踏飞燕""马超龙雀"等，为东汉青铜器，国宝级文物，1969年10月出土于甘肃省武威市雷台汉墓，现藏于甘肃省博物馆，为甘肃省博物馆镇馆之宝。

作品回顾：《飞云浦》

林翀：到优秀传统文化中汲取营养，深挖传统元素并进行提升，才能创作出弘扬民族文化"根"与"魂"的好作品。过去在工作之余，因为年轻，精力旺盛，下班回家再工作两小时是我的常态。多年来我陆陆续续创作了多件古典名著中的人物，比如刻画武松的《飞云浦》，鲁智深《打山门》，三国题材的《彩妆关公》，红楼梦里的《湘云醉酒》《黛玉葬花》等等。这些对于研究人物身段和衣纹虚实很有好处。以前许多老艺人喜欢听评书看京剧，也是从中吸取养料进行创作，那是因为受到文化的限制。对年轻人来说，应该从读书中深入了解历史题材人物的个性并进行剖析。对从事黄杨木雕的人来说，创作历史人物是必不可少的，这对提升个人修养是有益的。

这个作品是《水浒传》里的故事"武松大闹飞云浦"①，武松在孟州因遭张都监陷害，被刺配恩州。衙内派了捕快，押送武松到恩州，但要在途经的一个偏僻的地方飞云浦杀掉他。武松察觉衙役的表情不对，就奋起反抗，（这是这件作品表现的场景）。所以下面是他的行李，伞和包袱，（他抬腿高踢，把衙役踢进了河里）。这个动作为什么这样做？（我想）南拳北腿，因为武松是山东人（现为河北清河县），所以我用鸳鸯腿来打衙役。这个设计看上去比较简单，但是雕刻很费劲。一方面因为武松身上的镣铐、链条都很小，（尤其在黄杨木雕上雕刻出来）一个一个串起来，都是在一块料上雕出

---

① 《水浒传》第三十回《施恩三入死囚牢 武松大闹飞云浦》。这件作品表现的场景是：在荒僻之地飞云浦，因公人受师傅蒋门神指示要害武松，武松立于桥头假意观望，两名提刀的公人刚要从背后下手，却被武松一脚一个踢入河中。

来的，颈上还戴了一个枷锁，在某种方面来说妨碍了雕刻，枷锁有一定的面积和宽度，做人物面部的时候也有一定难度。

再一个，鸳鸯腿是怎么来的呢，一边是从电影电视剧里参考的，那时候南方的武打片很多，有很多招式；另一方面我也看金庸的小说，也会有一些想象。可能不是非常标准的鸳鸯腿，但是我在造型上想把它做成这样，这是主观上的感觉。这件作品因为造型比较复杂，所以是做了泥稿的。从我们内行人来说，头腔、胸腔、盆腔，这三腔（的角度）叫体位，这个角度比较复杂，它转的角度跟发力要有相应的呼应，否则就失败（动作不成立）。所以这是内行人看得懂，外行人不懂，外行可能只看这个动作好不好看，内行还要看重心稳不稳，是否合理，他只有一条腿站着，上面的分量要考虑吧，支撑点都要考虑的。

作品回顾：《公社女民兵》

林翊：1958年社会主义高潮的到来，促使民间艺人完全归队，7月份徐宝庆老师和我一起到工艺美术研究室报到。最让我难忘的是1958年刚进研究室不久的冬天，工艺美术公司组织研究室年轻人随公司干部一起到崇明参加围垦劳动一个月。那年的冬天还特别冷，我们在公社指定的地方，在公司干部的带领下，在一丈余高的围堤内侧雪地上搭起了好几个帐篷，作为男女宿舍和食堂，宿舍泥地上铺上了厚厚的干稻草。爬上围堤，展眼向东望去，是一大片滩涂和一大片在寒风中发出飒飒声响的芦苇，海面波浪随风涌动，据说我们公司的任务是要把这片芦苇割掉，再向外筑起一道堤坝。这就是围海造田，崇明就是在向海要地中面积逐渐扩大起来的。

我们第一次参加如此艰苦的集体劳动，也第一次感受到人在改造自然中的力量是那么强大！在集体劳动的一个月中，出于专业的自觉，我形成了对人仔细观察的习惯，并由此进入精神世界的探究。我记得有一次劳作中，天已经很黑了，我们还在堤坝边上割芦苇，等退潮的时候，芦苇就露出头了。割好的芦苇被捆好，再由其他人接过去运走。那时候借着星光，抬头仰望，会看到堤坝上有人影，拿着枪流动着在巡逻，是一群女民兵，那一刻她们触动了我脑中构思的欲望。我感觉到小圈子的平静生活与大社会的火热生活是无法相比的，黄杨木雕既然以人为塑造对象，就应该创作我在生活中感受得到并有所感动的人和事。

林翙《公社女民兵》

那时候是没有办法坐着画写生的，但是那些画面都印在我的脑中。怎样去塑造女民兵的形象？我做了很多准备。首先，我自己也参加过民兵训练，对拿枪的姿势比较熟悉；然后我还做了泥稿，反复考虑女民兵拿枪的姿势。是拉出枪栓好呢，还是就双手握着下面的枪把？最后还是选择了拉枪栓的动作，这样两只手的动势相反，一只手在上，一只手在下，都能看得见。披在身上的衣服也是飘起来的，能感受到海风的吹动。

在接下来的几年创作中，我经常回忆起在崇明的所见所感。因为围垦造地，公社里的男女劳动力全部出动了，剩下的学龄前孩子由一个上了年岁的老农民在照看，一群穿着开裆裤的小孩和一个老农在一起做游戏。这种本真的爱心、奇妙的热爱人生的味道，是人性中闪光的亮点。这种情景在城市里是看不见的，给我留下了深刻印象。

林翊《新生》

作品回顾：《新生》

林翊：1959年在上海自然博物馆展出了《西藏农奴展》。西藏1951年以前的情况如何过去我关注得很少，在展览馆里我第一次看到从农奴身上扒下来的人皮，第一次看到用农奴头盖骨做的器皿，以及许多残酷的刑具，满墙图片展示了占人口不到5%的农奴主，却占有西藏的全部土地、草场和绝大部分牲畜。而占人口95%的农奴和奴隶却没有土地，不仅遭受着异常残酷的经济剥削，还要面临着剁脚、剜目、抽筋等极为野蛮的刑罚，简直就是人间地狱。这就是我看完展览后，对农奴制度统治下的西藏留下的残酷印象。

我看完展览禁不住热血沸腾，内心一纠结眼泪掉了下来。义愤填膺的我觉得有必要把西藏农奴在新中国成立以后生活的巨大变化，他们通过辛勤劳动过上幸福生活的情境，用黄杨木雕表现出来。这是民间工艺美术工作者的社会责任，也是对和平解放西藏的歌颂！在反复推敲定稿后，在很短的时间里我完成了黄杨木雕《新生》这件作品，并发表在《辽宁画报》上。作品里牧民与羊羔怡然自得的场景，他们的表情中不再有压迫与煎熬，而是发自内心的恬淡与欢乐。这是西藏人民的新生。这件作品后来被《解放日报》转载，得到了好评。

没有展览会的启发，我根本就不可能完成这样的作品，怎么可能完成感情上如此激烈的爆发？我可以断定，凡是人的良心，看到这个东西一定会激动，一定会有新的想法，这是一种很朴素的感觉，无关其他，是从良心爆发出来的一种情绪。但创作作品，还需要遵循艺术的规律和一定的技法，提炼、转化这些朴素而强烈的情感，再以写实的技法，以点、线、面、块不同的组合来呈现，将作品背后的情绪准确地表现出来。此时我也逐渐感受到，之后被定义为"海派"的黄杨木雕，之所以能够被人们所称誉，主要还是在"师法造化"而时有提炼，也就是能给人艺术的享受，有趣味和美的感受，也能引发观赏者情绪的共鸣，同时又从中意味着新的向往。

作品回顾：《江南晨曲》

林翊：上海工艺美术学校是专业的工艺美术技术学校，汇集了修养深厚的知识分子和实践经验丰富的专业艺人，还有美术功底扎实的画家和雕塑家，这种环境对工艺美术人才的培养起到很好的辅助。对普及美学知识，提升创作质量都起到正面作用。工艺美校有多个专业，唯独让黄杨木雕专业设立了体验生活课，这对民间手工艺界来说是破天荒的创举，也是对我们的专业提出了"艺术对象是谁"的问题。我带领黄杨木雕班体验生活，去过青浦农村，也去过舟山沈家门渔港，这对以人物创作为主的黄杨木雕来说，无疑是一个造型艺术为时代服务的实践训练，也是技艺、知识、情感综合应用的教学实习。

我觉得，到火热的农村生产第一线和部队的训练场，都是一种难得的了解民众精神面貌的机会，是对生活的感受、观察和思考。体验生活，可以积累心灵里对艺术对象的感受；同时从专业角度看，具有地方特点的民众穿戴、生活习俗，也是创作素材的一个方面。比如到青

林翊《江南晨曲》

浦这一地区，我们发现古老崧泽文明的遗风在农妇的服饰上仍有体现，与上海东部郊区农妇的服饰就有所不同。

也因此，1964年我在青浦体验生活时，创作了《江南晨曲》，反映了农民对土地的热爱和劳动的乐观精神。这是我多次到青浦农村体验生活时，深切感受到的。我根据收集到的素材，很快就出现了创作构思，我想用迎着朝阳出工这一时刻来表现农民的朝气。返校后我就立刻做了泥稿。那时候的妇女穿什么服装，女青年背什么劳动工具，都能直接从收集到的素材中提取。之后我又对作品反复观察和思考，总觉得还是"静"了一点，所以又做了一次修改，让骑在牛背上的姑娘开口唱歌，这样才显得更"有声有色"。

《江南晨曲》和《当家作主》是我参加第一届上海工艺美术展览会的两件作品。同年三月份展览会移至北京，3月16日，华君武先生看完展览后写了一篇标题为"时代风貌"的文章，刊登在《人民日报》上，重点评论了《江南晨曲》，华老写道："在我们工艺美术品里，长期盘踞着一种封建士大夫的风情逸致，我认为在这个展览会里被驱散了，这是一件大事。比方说，过去的中国绘画或工艺美术品里，牧童是常常被描写的对象，牧童在旧社会当然大多是被剥削的遭受苦难的童工，但是在艺术品里却刻画成为懒散的、悠闲、快乐的天使，他们不是趴在牛背上打瞌睡，就是在树荫下斗蟋蟀；不是牛角挂书，就是横吹短笛，这不是牧童生活的真正面貌，实际是士大夫的不事劳动、懒散情绪的反映。就拿一件小小的黄杨木雕《江南晨曲》来说，这件雕塑就很有意味，现在骑在牛背上的是一个背着农药喷雾器的姑娘，正在开始新一天的劳动。同样骑在牛背上，但是却反映了对待劳动的两种态度，表达了两种不同的审美观点。这是工艺美术里新的情调，新的审美观点。"

我想这一切都是得益于体验生活、接地气的原因。这次展览会上，上海黄杨木雕表现的内容都非常贴近生活。写实主义的语言，是作者与观众之间的对话，容易引起共鸣，因此在媒体上被称为"海派"。体验生活可以增长见闻、丰富经验，但是，如果带有使命地体验生活，它的目的就是要深刻地反映生活，深刻地表现人物和对象。唯有到生活中去，接触更多的人，从不同侧面了解他们，才能从中得到立体的认识。

毛关福：《江南晨曲》的时代背景是20世纪60年代中期，是农业机械化的传统和农畜耕种并存的阶段。由于江南水乡浜、河、泾、塘众多，不少农田还需要农畜来耕作。年轻的姑娘背着农用药水桶，骑在牛背上，满脸笑容，迎着清晨唱着歌。另一位姑娘肩扛锄头，手执花草轻盈上路。膘肥体壮的水牛也颇通人情，随着歌声节奏漫步在乡间小路上，一派江南农村出工的风光展现在面前。江南晨曲的"曲"就是声音，"晨"就是色彩，使观者联想到拂晓的光芒，红彤彤地照耀在姑娘们的脸上、肩上，显得青春健康，与牛腿边的绿色蔓草形成冷热对比，向上抒情的构思有着借景寄情的美感，一反传统的牧童的表现意境，也不是标语口号式的统一造型。这件经典的创作示范作品，为黄杨木雕班同学们的毕业创作起到了很大的启发作用。同学们分别在构思、立意、构图、形式、刀法、节奏各个层面上各取所需，吸收营养，创造了一批好的作品。从此海派黄杨木雕的创作也进入了一个崭新的阶段。

作品回顾：《当家做主》

林翊：1965年上海召开第一届贫下中农代表大会，开会地点在文化广场①，我从报纸上看到这个消息以后，脑子里顿时跳出了很多生动鲜活的农民形象，有干部，有男女队员，还有曾经为农业发展作出贡献的老人，略作酝酿后，我就到仓库里开始去挑选黄杨木材料。当看到一段黄杨木的一边长了个树瘤和两个被锯断的树丫杈，这三个支点凸显了材料的天趣性，突然之间引发了我的灵感，于是我就把这一部分材料锯下来，创作了《当家作主》。其中塑造了七个年龄不同、体

① 上海文化广场：前身为1928年法国商人筹资在上海辣斐德路（今复兴中路）开设的逸园跑狗场。上海解放后，曾更名为"人民文化广场"，后改为"文化广场"。1952年到1966年期间，文化广场举行了600多场重要报告、重大集会。也举办过很多大型文化演出以及各国艺术交流演出。2005年，文化广场被拆除；2016年，新建的上海文化广场获得上汽集团5年冠名，成为"上汽·上海文化广场"。（资料来源：《中国档案报》2021年6月4日，总第3687期，第三版）

林翊《当家做主》

型不同的男女贫下中农代表，表现的是他们参加大会开幕式的欢呼情景。

《当家做主》作品里的七个人物，我都是认识的（有原型的），不管是老人，还是女青年、男青年，我都跟他们交流过，知道他们的经历和心里的想法。这里面有的是民兵队长，有的是小组长、生产组长，这些老的都是退休干部，这个是公社的书记，这个是大队长……他们都是我在青浦体验生活时接触过的鲜活的人。我们工艺美术学校的定点劳动地点是青浦的农场，我们一般每个学期要去两周左右时间体验生活。那边农村给我们腾出房间，稻草放在地上，我们自己铺。一般上海人去会把稻草铺得很高，这样睡下去的时候特别舒服，也很暖和。在农村劳动的时候，我会抽空画速写，很多人物我都有速写。可惜后来再搬家的时候，这些速写没有搬过来。

林翊《炎黄子孙》

作品回顾：《炎黄子孙》

林翊：1982年初，我创作了黄杨木雕作品《炎黄子孙》。在这件作品上，我用了圆雕和高浮雕结合的方法。在突出"女娲造人"的基础上，木雕正面和背面分别塑造了两组人物：正面是捕鱼，背面是狩猎，（以神话主题）表现出中华民族悠久深厚的文化积淀，也寄托了对民族统一的美好祝愿。这件作品当年4月参加了木雕行业全国第一届百花奖全国黄杨木雕设计作品展，获得了第二名。

上海是近代工业发达城市，敞开胸怀海纳百川，艺术创作意识比较领先，也融入了西方雕刻技艺，在作品的形式上也体现出文明的发展和审美的变迁。但是它依旧带有浓浓的民族特色，这与中华文化的传承是相关的。海派黄杨木雕是在圆雕的基础上加入了镂雕和其他传统木雕技法，充分展示了材料的可塑性和技艺之美，不仅做到了以技入道，也充分发挥了黄杨木的材料之美。

历史上木雕工艺积累了多种表现技法：圆雕、浮雕、透雕、镂雕、浅刻等。这些技法的逐渐出现，都是为了支持创意的表达。创意是无限的，技法也随之有创新。否则创意再好，得不到技法的支撑也是徒劳。黄杨木雕可以融入多种技法，根据需求随意使用，如浮雕、浅刻就可以提高作品的装饰美。目前黄杨木雕界已经普及了软轴机，出现了许多不同磨钻表现不同视觉效果的方法。现代科技已经发展到用电脑控制的机械来复制生产作品，对于量产的作品当然是好事，但对于不想量产的作者来说，无疑是一种巨大的挑战。如何设计出更巧妙的造型，让机械钻头无法达到，使创作成为不可复制的、唯一的作品，已经成为从艺者必须研究的课题。也是保护知识产权必须思考的问题。

四、毛关福：创作不息，刀耕不辍，雕刻艺术的多面手

黄杨木雕虽然不是发源于上海，但从徐宝庆开创海派黄杨木雕以来，在一百多年的发展演变中，已经形成了自己的面貌，中西融合的技法，具有时代气息的内容题材，能够密切地反映近代上海的百年变迁，它是上海地域文化所滋养出的艺术瑰宝，是海派文化的一个重要的组成部分。

从事黄杨木雕的人，首先要掌握一定的美术和雕塑基础，接受一定的木雕训练；其次，要具备创新意识和变革的观念，不能只停留在对技艺的学习上，要时刻关注生活，从生活中汲取创作养分；第三点，对于从事黄杨木雕的人，不仅仅要有一定的美术基础，更要有画外功夫，创作者的综合修养决定作品的内在艺术价值。

世俗的观念总是认为，美术高于工艺美术，我在全国的工艺美术论坛上发言，我说，纯艺术的雕塑家应该要向民间工艺去学习工艺，民间工艺应该要向纯艺术的雕塑家学习美学的理论。论动手，绝对要数民间工艺的能工巧匠厉害，你说了老半天，他三下五除二就做好了。但是民间美术艺人要认识到，这个本事也要有美学支撑，因为民间工艺的美学造型、艺术观，跟纯艺术差一大截。

现在对于海派黄杨木雕的文献研究，不单单要做收集整理，还要作展示，希望日后做一个海派黄杨木雕的文献展，把经典的黄杨木雕作品连同历代照片和资料做一个集中全面的展示，让越来越多的人认识到海派黄杨木雕的价值。

毛关福

毛关福，1946年生，上海浦东周家渡人。从事工艺美术创作设计五十余年，擅长黄杨木雕、紫砂雕塑等。1961年考入上海工艺美术学校黄杨木雕专业，学制四年，师从海派黄杨木雕创始人徐宝庆及林翊。1965年，毛关福分配至上海工艺美术研究所从事黄杨木雕创作研究，2009年被认定为上海市非物质文化遗产项目"黄杨木雕"代表性传承人。

毛关福访谈
随谈：我的外号"毛关公"

我在（浦东）周家渡出生，在那里长大，也一直住在那里。2004年，因为要举办世博会，周家渡镇开始动迁，我才搬走。周家渡是一个镇，早先它只是一个靠近黄浦江边的渡口。周姓是当地比较大的氏族，世代都在渡口附近生活。我妈妈就姓周，是土生土长的周家渡人。我小时候家里安稳的时候不多，听我妈说，日本人还没来时，有几年周家渡附近是很繁荣的。放电影、造火车铁路、建仓库，这些事情一启动，什么都带起来了，只要家里有人上班了，就能挣钱。可是没几年，日子就苦了……

我家就在渡口旁边，爸爸基本上每天回家。有时候，公司的船要外出，或者总公司来借人，我爸爸可能会被派出去十天、一个月的，项目结束回来后，还要正常上班。在船上有风险，不当心就要出事。现在也是，虽然船大了，设备也很好，但一不当心还是可能掉到江里，特别是在长江上，风浪大。我哥哥就是在江上出了事情。当时我爸爸被派到南京船运公司，是船老大，船运货到南京，我哥哥也在船上，意外掉到了长江里，过世了。其实，我还有一个哥哥，小时候生病，没有及时治疗，也去世了。（家里）就剩下我和两个姐姐，我成了家里唯一的男孩。两个儿子都没有了，那时候大人很急，特地找了算命的，算命的说，把最小的过继给关公。周家渡那时有个关帝庙，家里就把我带到关帝像前，过继给了关公，我名字里的"关"字就是这么来的。

后来长大了，觉得"毛关福"这个名字太俗气，几次想改名，妈妈都不同意，后来就算了。我因为这个事特别关注过上海郊县名字中带"关"字的人，还问过一些人，情况大都跟我相同，都是被过继给了关公。这件事在潜移默化中也影响了我，后来我做了不少关公的作品，大家看我做的关公形神兼备，由此叫我"毛关公"。

随谈：我的工艺美校学习生涯

1961年我初中毕业，在报纸上看到浙江美院附中和上海工艺美校联合招生。我就很想报名，但妈妈说不能考浙江美院附中。她说就一个儿子，跑得太远，舍不得，所以我报名的时候，妈妈派姐姐跟着我，看得很紧，不准我报附中。正好当时报名的地点是在圆明园路73号的一个展馆里，橱柜里正好有徐宝庆的黄杨木雕，我看着觉得挺好的，就最终选择了报考上海工艺美术学校黄杨木雕班。

20世纪30年代的浦东周家渡

童年时期的毛关福（最高者）

青年时期的毛关福

毛关福的关公雕像

青年时期毛关福

毛关福工艺美校学生手册

考试内容是命题画和写生。命题画就是创作，老师出的题目是记一件有意义的事情。我选择了"三抢"进行创作。三抢指的是农村的抢收、抢种、抢割，该收的庄稼要抢收、抢割，割下来后还要抢运，运到仓库。隔天马上要播种，差了时间段就不行。我的"三抢"画的是：天上乌云密布，一排人你追我赶地割着稻子，田埂上肩挑人扛地在抢运。这是一幅铅笔画创作，说到铅笔画还很有趣，当时看到旁边同学们在画静物时，铅笔排得整整齐齐，从HB到1B、2B到6B，多的有十来支，少的也有两三支，只有我一个人，一支5B铅笔，从头画到尾，淡的也是这支，浓的也是这支。另一门考试是写生，就是石膏素描。一个星期后，通知书寄到了家里。我事后在想，为什么录取我？可能是我这幅画有生活基础。

我们是1961年秋季班第一届黄杨木雕专业学生，这届招了20人。而1960年的10月、1961年的春季，学校已经招收了玉雕、木雕、牙雕、绒绣等五个专业的两届学生。那时候，国外对中国传统工艺美术需求比较大，是看中了我们传统手工艺的特色，所以大家也就越来越感觉到工艺美术的价值。

第一年美术基础课多点，占三分之一，有雕塑、花鸟、人体解剖课，一般每门课两小时或半天。专业课占三分之一不到，主要是美术专业课，文化课也占三分之一不到。刚入学时，每周有一天学黄杨木雕，从临摹徐宝庆老师的作品开始。林翊老师去徐老师家里将作品拿过来，让我们临摹。当时班里多数同学的美术基础比我好，但黄杨木雕技艺这块，我和他们的起跑线是一样的。

刚进学校时，由于从来没有接触过黄杨木雕，素描基础也不太好，我想赶上同学们，于是寒暑假都留在学校练习。我本想用平时的时间，来追上同班同学。但这很难，因为他们也很努力，所以唯一可以利用的就是暑假。当时我和几个同学，放假了就一起画石膏画素描，还去农村市镇画速写。两个假期以后，我就在班里名列前茅了，被评为学校的"五好学生"。那个学期班主任给我的评语是：专业成绩全班最好。很少有这样写的。

一年级的专业课主要临摹徐宝庆老师的作品，每周一天，每个月就有四天。林翊老师先将徐老师的作品翻模，需要翻17个石膏模，因为有17个同学。临摹前，林老师还要讲一下要点，比如徐老师的《小鹿》，大感觉要明确，首先要注意，小鹿是卧着的，头是扭的，扭头是有个清晰弧度的，这个弧度要抓住。背要做线条，有个弯曲。脚是卧着的，卧姿，不像站姿，要注意前后反差。同时，林老师还讲一些雕刻的技法。

我临摹《小鹿》花了一个多月，大约是六天时间。这个小鹿扭头的动态，有个倾斜线，（在同学里）我动态抓得最准。徐宝庆老师当时来评讲，他指着我的作品问我"你叫什么名字？"我说叫毛关福。"什么地方人？"我说浦东人。他说："难怪，浦东出工匠，出能工巧匠，我给你打5+。"那时候学校实行的是苏联的学分制，5分是最高了，徐老师给了我5+。

再后来，如果同学有自己的创作想法了，就不一定

毛关福习作《灵芝童乐》手绘稿　　　　　　毛关福习作《灵芝童乐》

　　临摹，可以自己做了，也就是创作。这时，需要林老师做些示范，教我们怎么创作，学生跟着模仿，主要是模仿创意和构成方式。比如要刻一个溜冰的造型，林老师会构思成两个小孩在溜冰，一个小男孩溜冰，另一个在旁边看。小孩背着书包，书包在身后垂着，就是类似这样的。

　　当时文艺界讲，文艺从生活中来，文艺来源于生活、高于生活。所以我们进校没几天就到乡下去了，去体验生活、参加劳动。比如去崇明的圆圆沙，去给棉花间苗、除草，把半生半熟的棉花铃子摘下来。学生很多，挖沟挖土，前后有一个月时间参加劳动。记得三年级，我们还到马桥人民公社体验生活、劳动锻炼，去搬运打下的稻子，再把稻谷收仓，这些都为创作打下了生活基础。我做过一个《背稻禾》，林翊老师创作过《当家作主》，表现贫下中农代表大会的场景，都是来自生活的作品。

毛关福与同学们

随谈：我记忆中的几位老师

当时工艺美校的教学氛围很好。有几位老师我印象很深刻。

汪邦彦校长年纪不大，但他儒雅、有文化，德高望重。关键的一点是他很重视教学，所以学校师生提起汪校长，是发自内心地崇拜佩服，愿意服他领导。汪邦彦校长对学习成绩好的人是万般推崇的，样样都是考虑教学一线，请的老师很多是当时比较著名的。他的办学观念很好，他说在工艺美术学校里，手艺还是第一，美术是为工艺服务的。汪校长干部出身，不是工艺美术圈子里的，但他的文笔很好，有追求有想法，他写了篇文章叫《前车之鉴·后车之师》，《文汇报》登出来后，贴在学校展示廊。他带头写教学思考的文章，学生到各地体验生活，他自己也下去体验。当时也有老师和他在学术上观念上有分歧，后来都慢慢磨合了。在学校学习期间，汪校长再三跟老师强调，我们是工艺美术，都有专业的，希望美术基础课的老师要将教学向各专业上靠，而不是纯美

1966年，徐宝庆（二排左二）与学生们在"小白宫"的合影

术。他说，这些需要老师去探讨，去编写教材。专业基础和文化基础也要为专业课服务，包括对体验生活的要求也是如此。美术与文化基础课要为专业服务，这个观点深入到师生脑海中，好多学生一开始很爱好美术的，后来慢慢转到工艺上，也喜欢上工艺。因此大家从美校毕业后，手上功夫都很强，社会上很需要像我们这样的学生。

徐宝庆老师技艺高超，是上海黄杨木雕的鼻祖，是祖师爷，他是开天辟地的。徐老师讲的一句话，我们同学都作为经典：海派黄杨木雕的创作，只要循着幽默浪漫加以夸张风趣的规律，就能成功。同时，他还强调创作要结合周边生活，要关心生活。徐老师家在二楼，小孩们在弄堂口玩，他都可以看见，所以他的作品就有很多表现生活的内容，比如小女孩喂小狗等等。在美校学习的头两年，徐宝庆老师经常来学校，因为当时林翊老师也是刚教书，徐老师就来得多。几年后，林翊老师有了带教经验，再加上我们学习两年后，开始搞创作了，徐老师就见得少了。那时候很多人收藏徐宝庆的作品，大部分是香港人。收藏行情好的时候，大约是我们进工艺美校的时候。徐老师说，他当时外面衬衫是不洗的，没时间洗，每天换一件，没有了，就把之前稍微干净点的再换上。作品有时候来不及做完，香港老板就拿走了。

林翊老师挺严格的，他在专业老师里面算年轻的。林老师有点学院派，重视体验生活，他的创作跟徐老师有点不同，他是浙江和海派两边的风格都有。林老师在美校里是我的老师，毕业后我和他又都在研究所，后来成立黄杨木雕车间时，我们又在一起，所以我们叫他林先生。还在美校时，我们每个人创作情况不一样，有个性，也有普遍性，他都要指导，所以林老师很辛苦的。林老师不住校，早晚回家。平时课下，他也和我们说说笑笑，开开玩笑。举个例子，我们黄杨木雕专业的学生，到松江艺术品雕刻一厂实习，和牙雕班在同一个场地。有一个牙雕的同学，生性喜欢开玩笑，到现在也是。可那时我不知道他的性格。有次，我们在磨刀，他突然问我，你是什么班的？我说，黄杨木雕。他说，黄杨木梳。我一听，心里不高兴，跟林老师说了这事，老师说："个么，侬可以讲他们是象牙筷子。"林老师是个才子，他多才多艺，一口口琴吹得很好，可以吹复式、喉调。在工艺美术工厂的第一年，我们排话剧《红岩》，林老师是导演，给演员做指导，学生都喜欢他。林老师刀具做得特别好，他是用酒精灯淬火，做的刀小巧精致，刀柄刀口做得都很考究。创作的作品也都很好，在全国工艺美术展上获得过二等奖。后来上海市启动工艺美术大师认定工作时，大家都叫他申报上海市工艺美术大师，他总是摇摇头，说算了算了，最后总算申报了。作为上海市工艺美术大师，林翊老师是实至名归的。

随谈：海派黄杨木雕的刀具

学习黄杨木雕，都是从磨刀、制刀开始的。黄杨木雕的刀有两种，一种是基本的毛坯刀，是到浙江东阳买的。买的是基本的配置，标配的工具，其他类型的刀都要自己做。说到标配，就要提一下，黄杨木雕是个产业链，东阳那边有一批专门的人在做木雕刀具生意，他们会根据市场需要，打制出一定格式的刀具。东阳做刀讲究速度，因为速度和价格是有关系的，别人要一个星期才能打出刀来，他可能只要三天。那么，同样的刀，市场上买刀的人肯定拣便宜的买。

还有一种是修光的刀，这是要我们自己制作的。根据雕刻中出现的情况，做出角度厚薄各不同的刀。每个人打的刀都不一样的，这要根据自己的手势，比如说有的同学是左手用刀，那做出来的刀和右手使用的刀就有差别了。真正要掌握技术，做出一把完美的刀，我们在学校时老师说要三个月。从截钢丝，火里烧，加热、淬火，到打磨，都是自己来。淬火的温度控制很难，有时候淬得过头了，有时候淬得又太软了。淬火就是要把握好冷热的对比。油淬比较稳定，因为油温冷热变化不大，稳定性强。水淬比较难把握，要有经验才行。

做黄杨木雕一般要有四十来把刀，加上买来的，大概有五六十把。如果只有三四十把刀，也可以用。但是我们的老师提倡做各种各样的刀，每把刀都不一样，这样用起来很方便。刀的基本造型就五六样，平刀、斜刀、圆刀、月剜刀、三角刀。短柄的平刀，长柄的平刀。尖，发力就大。每种造型的刀再分大小，刀口有大小的区别。刀里面还分正平、反平，就是方向反一反。斜刀分为左斜、右斜。

学生学习了磨刀制刀后，就要临摹了。这时候如果遇到刀不好用，比如刀太厚了，那就剪薄点；斜刀角度太倾斜了，那就修一下。这样一边临摹，一边改进完善刀形。所以，刀的修整是在实践的过程中完成的，制刀技术也是在实践中掌握的。

随谈：执教70届美术工厂黄杨木雕培训班

毛关福：1971年，为了工艺美术发展，培养工艺美术人才，工艺美术工厂招收了一批职工。当时中学生

毛关福（右）与林翔

毛关福（左一）与侯志飞（右一）

毕业遵从"四个面向"，就是面向农村、边疆、基层、工矿。厂里到各个中学里挑选了优秀的学生，所以这一年挑来的职工素质比较好，各方面基础也比较好，有一定美术基础，思想也好，也有工作能力。

1972年，厂里明确这批职工的专业方向是黄杨木雕，要求黄杨木雕要发展生产。因为在工厂里，木雕生产要提高效率，所以要对这批新职工进行培训。这就是后来一直讲的"71年工艺美术工厂黄杨木雕培训班"，是我最早带的一届学生，有王小蕙、陈毓其等，他们是从中学进来的。我做班主任，林翔老师做专业老师，熊耀荣是助教。就像学校一样的，我们这边成了学院派。学员要画素描，讲艺术概论、美学理论、雕塑等等。我带班主要负责整体教学安排、师资聘请，以及学员的文化体育演出，也从事黄杨木雕创作教学，教学员泥塑方法等等。

这届培训班的学习时间是三年。那时林翔老师说，到浙江去学习一下他们的生产经验、操作方法。浙江的

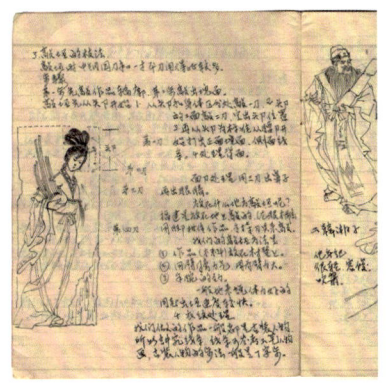

在温州乐清交流期间所做笔记　　在温州乐清交流期间所做笔记

方法和我们不一样,他们是生产上的一套方法,而我们是搞创作研究的。带队的教师有我、林翊、熊耀荣。去的学员是26个,加上我们3个,一共29人,去了浙江乐清。培训班的同学们跟王笃纯[①]学了半年,跟高公博[②]学习了三个月。浙江那边的厂里派了老师傅来教,半年学下来,受益匪浅。

在那边学到的比较有价值的东西是操作方法,浙江的老师说,我们做的东西是卖的,要讲时间效益。譬如说,五寸规格的仕女,他们的雕刻要求是手里拿着一朵花就可以了,手的姿势不用做出来。但是七寸的仕女,袖子没那么高,那么手指拿花的姿势就要做出来。这样如果你嫌弃五寸的不好,就买七寸的,价格就高点。想要便宜一点就买五寸的,五寸的造型就简单点了。而我们上海讲创作,也不分五寸七寸的,没有生产的概念。

第二个是我自己体会出来的,我们学的是徐宝庆传下来的掘的方法,短刀法,用手腕的力量。浙江他们是

①王笃纯,男,1932年10月出生,浙江乐清人。国家级非物质文化遗产乐清黄杨木雕代表性传承人。中国工艺美术大师。
②高公博,男,1949年10月出生,浙江乐清人。国家级非物质文化遗产乐清黄杨木雕代表性传承人,中国工艺美术大师。

要胸肩发力，用长柄刀，几乎是我们刀的三倍长。他们是胸和肩用力来铲，这个力，一刀推下去，快速利落。铲有铲的好处，速度快，但是如果不注意，一刀下去就没有后路了。我们是掘几刀看看，掘几刀再看看，不断地修正完善，不求速度。

在那边学习的模式是，他们每周给我们上几节课。他们给样子，比如做五寸的，分给学员们一个八仙，我们就做。五寸的八仙就简单了，比如吕洞宾就戴个帽子，前后手歪，刀就露出一个柄把。而七寸的，就有了弓箭步，就开始有造型的要求了，难度就有区分了。浙江是为了提高效益，不断寻找规范，操作的规范，造型的规范。上海跟他们不一样，追求的目标不同。浙江做的东西都是当地传统的，上海不做传统的，比如徐宝庆，早期做宗教和西洋的题材。

对学员来说，这次学习最大的收获是掌握了不同的操作方式。回上海后，培训班的学员每人做一匹马，一两天就做完了。但这个马，如果要黄杨木雕的老工人做，也许要三五天，甚至一个星期。回来以后就进入现实生产中，第二次做的时候，就是限速做古装仕女。那时候学员精力好，几乎每天做一两个。黄杨木雕组的生产计划，画图表贴上墙，每个人五天、十天定任务，根据难度定额生产，把一个月的工作量全部挂出来。接下来上海开工艺美术展览，正好厂里培养的这批职工可以参加，我就给每个人捏稿。其中一个学员做的是我的稿子，三件套，一件是小毛驴加维吾尔族小孩的《骑着毛驴唱赞歌》，一件是一只牦牛和姑娘，第三件是小马和姑娘，三件作品都入展了。其他学员的作品也获得了很多好成绩，比如小孩骑在乌龟上，以及"云彩里的架线女工"等作品，都是学员认真体验生活，用写实的方法反映生活，又将形象的浪漫特征展现出来的作品。这个班当时培养了不少人才。

随谈：工艺美术 vs 艺术

毛关福：1984 年，我考入了上海大学美术学院干部进修班油画专业。经过两年的进修，我在毕业时拿到了二等奖学金。学习油画改变了我的艺术观念。

黄杨木雕，不分虚实，太讲究精细了。艺术家看到这个就觉得不够艺术性。工艺美术为什么艺术性不够？问题出在对美的理解不够。东西是对比出来的，比如，该细腻的地方都是处理成同一种细腻，不能突出细腻的程度。如果要突出，就要在旁边对称处理一下，有的地方不一定要实，要虚掉，虚化边缘线。画画的关键是，边缘线要处理好，把人跟空间的关系处理好。把人的形象处理成如同画像、照片贴上去的一样，不一定好，这些都是学习油画后获得的审美知识。

毛关福在画油画

工艺美校是讲究生活气势、工农兵般的激情，而美院相对而言，要尽量淡化政治，讲纯艺术。两年油画学的主要是苏式风格，现在来看苏式比较保守，但那时候，学习以夯实基本功为主，一定要有扎实的造型和色彩能力。

毛关福考入上海大学美术学院的准考证

世俗的观念总是认为，美术高于工艺美术，我在全

毛关福的画作

国的工艺美术论坛上发言，我说，纯艺术的雕塑家应该要向民间工艺去学习工艺，民间工艺应该要向纯艺术的雕塑家学习美学的理论。论动手，绝对要数民间工艺的能工巧匠厉害，你说了老半天，他三下五除二就做好了。但是民间美术艺人要认识到，这个本事也要有美学支撑，因为民间工艺的美学造型、艺术观，跟纯艺术差一大截。之后我把在美院学到的东西纳入到雕塑中，做出来的雕塑就不一样了。

我学习油画后，慢慢向雕塑转向。那时候，城市公共雕塑刚刚兴起，我白天在工厂做管理，晚上做雕塑。当时园林设计院雕塑组有一些边缘的、边角的雕塑工作，需要找社会上懂雕塑的人来做，这个我们黄杨木雕刚好可以做。就这样，我慢慢进入了雕塑这个行当。再后来，紫砂厂正好需要小型雕塑，我们做过黄杨木雕的，可以做精细的小东西，而油画雕塑院的雕刻家是大型的东西做惯了，做不细，所以我们这些懂工艺美术又懂大型雕塑的人最受欢迎，我就这样又开始做紫砂雕塑。

毛关福历年获奖雕塑作品：《天人合一》《济公敬酒》《雪山英碑》《众星揽月》

学习油画后，我自己感觉搞美术雕塑进步大了，我的作品进入了上海美术展、中国的美术展，成绩算是比较好的，这跟美术观、艺术观的提高有关系。作为中国美术家协会的会员，要求作品三次以上入选全国性的展览、美协组织的展览，我有七次，10年前就超过了标准要求。后来，我重点搞工艺美术，我用工艺的手段，照样在美术里闯出来，水平也不一般，我现在是中国美术家协会会员，中国雕塑协会会员。

作品回顾：《老牛倌》

毛关福：这是我创作的第一件作品。从三年级开始，我们专业课的学习从临摹转入创作，第四年全年都在创作。三四年级我们经常要出去体验生活，回来后都要做作品。我三年级开始创作的第一件作品是《老牛倌》，雕刻的是一位养牛的大爷，旁边两个小牛，他们很亲热。小牛很萌的样子，老牛倌雕刻出老人的慈爱，感情都流露出来。构图时要有神韵，要把海派黄杨木雕的基础要

毛关福《老牛倌》

素表现出来。因为林翊老师和徐宝庆老师再三强调，上海的黄杨木雕特点就是要雕刻周边生活。还有一个特点就是雕刻小孩和姑娘、小动物的题材，就是说，如果一件黄杨木雕是一个小孩加一个小动物，基本上就成功了。我这个作品是一个老头加一个动物，也是很好的。它是有情感的，有戏唱，有故事编，否则单单做个人，就是绣像，好比说水浒108将，如果就雕刻一个宋江，那就是一个绣像，而做几个人，就有情节有故事了。

黄杨木雕的难点是组构图雕刻。首先，组构图不好设计，如果设计不好，雕刻时就麻烦了。一般来说，单个人的构图会简单些，而两个人，或者说一个人加一个动物的构图，就难了，因为这里面有个呼应的关系。这个呼应关系要处理好，不是雕成各归各的，它有一个连接，要抓住这里面的一个动态，或者一个表情。三个人以上的众构图又更难，不仅是呼应关系需要处理好，它还有个制作上的难度，就是制作中对前后"遮挡"关系的处理。前面的人物好刻，后面的被前面的遮住了，怎么雕后面的，要格外注意。所以，做黄杨木雕时，要考虑雕刻的程序。我们有个口诀，就是雕刻要"从上到下、从外到里"。不能从内到外，内距拉大了就不行了，众构图就是特别要考虑内距，要掌握好，一个闪失，木料也去掉了，没有材料可雕。

就是单人构图也会碰到这个问题，比如木头里面有结疤，雕的时候，这个疤才看出来，怎么办？黄杨木雕是工艺品，工艺美术要因材施艺，根据材料变化而改变制作。因此，当木料里面有疤，疤小的话，就避开，当机立断把疤去掉。比如人头位置有个疤，那就去掉，把人头往后，或者往左右迁让。这就是涉及人物设计上的灵活机动，只有学到一定程度，才能驾驭。

作品回顾：《展宏图》

毛关福：《展宏图》是我的毕业作品。我三年级去青浦水产养殖场体验生活，四年级开始创作这件作品。那时候，青浦水产养殖场是血吸虫重灾区，毛主席号召要铲除血吸虫病。血吸虫病主要是由钉螺引起的，所以大家要填掉有病源的池塘沟渠，重新挖沟渠、挖池塘。血吸虫病严重的地方，一个村子可能就没剩几个人。当时社里面盖了好多新房子给渔民住，拼尽人力，把水塘挖掉，切断水源。住进新的屋子，整个进行改造，就没有钉螺了。这些都是在青浦体验生活时，听当地人讲述的。

"展宏图"就是展望新的未来，作品后面是有故事的。作品的人物都有原型，比如说生产队长，他的工作、身份和责任感形成了他特定的造型、气质和精气神。我做了七个人，构图有三层：后面三个人，中间是社员，现实中，这些社员原先是渔民，旁边是生产队长，拿着个扁担，要劳动的样子。社员背后是老农，拿着一个大锹。第二层是青年突击手，最下面一层是妇女队长和村姑，右边是一个学生，坐在田埂上。

《展宏图》做了两个月左右时间，画稿改过三四

毛关福《展宏图》

次，不断修改，人放上去，放下来，还要考虑谁放在中间。泥塑出来后，基本上按泥塑做，要改就在泥巴上改。捏好泥塑后，开始选木料。我们设计的稿子都要给林翊老师看，请他提意见。林翊老师看我《展宏图》设计稿时，提出了一些宏观的意见，比如要注意人物动作等等。林老师尊重每个人的创作个性，如果设计稿问题大，他就会讲一下细节。《展宏图》的构图算是比较完美的，气场气势把握得好，人物动作尽量刚性化，除了两个女性和小孩——妇女要有点身段，讲究一点；小孩活跃一点——基本上，人物都有点气冲山河的感觉，老农、青年突击队等形象，要突出稳妥的感觉。

在学校时，作品做好了，如果是交给老师的，都要打磨。但是老师事先说好了，创作是放开的，允许同学们发挥个性。比如《严阵以待》，就是在这种情况下做的作品，刀法做得很豪放。林翊老师保持了传统木雕要打磨的习惯，但学生想要把凿痕留下来，尤其是学美术的，就追求留痕。美是要标新立异的，美感是个人的一种感觉，没有一个统一的标准。标准是一个人的思维想法，每个人对美的感受不一样。有的同学感觉到黄杨木雕刻中留刀就美，那么林老师、王邦彦校长也不会说什么。我们同学中，刘巽发创作的《牧马人》，风格粗犷、气场大，他的创作就是留刀痕的。我的《展宏图》主要是在泥土下面稍微留了点刀痕，其他部位还是打磨的。

五、陈华明：孜孜不倦，薪火传续

海派黄杨木雕，就是上海的黄杨木雕，具有中西融合的特点：洋为中用，把西方的素描技法、解剖知识和雕塑技巧跟中国传统雕刻工艺熔为一炉，形成精雕细琢、圆润明快、鲜明生动、风趣幽默、逼真传神的风格，生活气息很浓，具有时代特色和艺术美感。海派黄杨木雕的工艺结构严谨，讲究整体块感，要整块木料雕刻，最犯忌的就是拼接工艺。每一件作品四面都可以环视欣赏，因为它是立体雕刻，不是浮雕，而是圆雕。

黄杨木雕的创作，都是把人物形象和内容联系在一起的。有了构思以后，才会考虑用什么样的构图和技法去实现。同时，海派黄杨木雕特别强调"生活是创作的源泉"，所以在黄杨木雕的创作中，要把生活中感受最深刻的"情"倾注在造型中的人物身上，使它生动感人，使构图方式达到形式和内容的统一。

学习雕刻的人必须吃得起苦，要耐得住寂寞。我这些年在各处普及黄杨木雕技艺，就是希望能够使一代宗师徐宝庆创建的海派黄杨木雕代代传承下去，对此我充满信心，在我有生之年，我愿意发挥自己的余热。

陈华明

陈华明，1944年生于上海虹口。1961年，考入上海市工艺美术学校黄杨木雕专业，是该专业的第一批学生，师从徐宝庆、林翊。1965年，陈华明毕业分配至上

海市工艺美术研究所，从事海派黄杨木雕创作工作。在五十余年的黄杨木雕创作生涯中，陈华明深入工厂、农村、部队、码头、剧团、机务段等单位体验生活，创作了大量反映时代生活的作品。2014年，陈华明被认定为上海市非物质文化遗产项目"黄杨木雕"代表性传承人。

陈华明访谈

随谈：艺术生涯的启蒙

我出生在虹口，在那里住了三十多年。我住在有名的礼查大楼，现在叫金山大楼。我家所在小区的居民主要是单位职员，家里那时经济条件还可以，父亲是纺织厂办公室里的高级职员。我有一个姐姐、三个妹妹，父亲对我很严格。

我在虹口第一中心小学读书，二三年级的时候开始对美术特别喜爱。我母亲接送我上下学的路上，有一个书摊，摊头上卖的那些少年美术书籍、画报，我一见到就想要。如果母亲买了，我回家后那就是兴奋无比，会反复临摹。小学的时候，我是学校美术兴趣小组的组长，经常得到美术老师的指导，自己也刻苦钻研，美术水平进步挺快的。

我们学校每年都组织去郊外春游。有一次郊游，我把同学们尽情享受大自然的活泼生动的场面画了下来，后来这幅画参加了学校的画展。五年级的时候，有一天美术老师叫我去办公室，他对我说，你画的《春游》写生水彩画，已经被国家选中，送到国外展出了！老师把

20世纪30年代的礼查饭店　　　　　　　　当代修缮后的金山大楼（大名路立面）和金山大楼

这幅作品的摄影照片给我作为留念，照片后面盖着"中国人民保卫儿童全国委员会赠"的公章，这个委员会是宋庆龄创办的。除了照片，我还拿到了5块钱的奖金。老师让我拿去买点美术学习用品，我心里充满了兴奋和感激。5元钱在那个时候不算少的，当时的满师学徒，一个月也只有18块的工资。

1958年到1961年，我在上海市虹口区职工子弟中学读书。初中毕业那年，浙江美术学院附中和上海工艺美术学校同时在上海招生，我因为喜欢画画，就同时报考了这两所学校，最后，两家都录取了我。可是，如果要去浙江读书，就需要把户口迁到浙江，我母亲说，户口迁过去，那就迁不回来了，考虑到这点，只好放弃浙江美院附中。我自己心里其实还是想学画画，做画家的。但是因户口关系，就选择了工艺美校。当年考工艺美校，竞争不小，想考上也不容易的。记得报纸上登的

五年级的陈华明　　画作《春游》

招生广告，有很多专业，黄杨木雕专业那年有两千多人报考，最后只录取了20人。

随谈：首届工艺美校黄杨木雕班

1961年秋天，我考进上海市工艺美术学校，在黄杨木雕专业学习，这一届总共招了20人，女生有4个，都是上海人。我们的专业老师是徐宝庆和林翊。进校的第一周，学校就组织我们班去杭州写生，很巧，就住在浙江美院里。学校在西湖边，环境像公园一样。我那时心里很感慨，想着要不是因为迁户口的原因，我就可以来这里念书了。

工艺美校的学制是四年，不收学费，还发生活费和补贴，每个月10元伙食费。一到星期天，还会给我们发1块钱，我就拿这1块钱去买学习用品，像铅笔、素描用的画纸等等，这些都要自己买的。那时候学校的住宿条件比较艰苦，好几个班级大概有40个人，挤在一个大宿舍里。有段时间，校址在城隍庙的光启路180号，跑步晨练是在狭小的弹格路（石子路）上，马路旁边经常堆着马桶，有的同学跑步时还差点把马桶撞翻。

当时物质比较匮乏，学校食堂的伙食也一般，每人一盘清炒冬瓜、咸菜是常有的事。学校的工作台和凳子很简陋，做雕刻刀的设备也简陋得很。不过，虽然设备简陋，但那时候我们班的同学们都很认真，都很能吃苦，没有哪个说一句抱怨的话。

学校排的课程相当多，第一年文化类科目有语文、政治、历史、体育、美术；基础课有国画、素描和书法，专业课主要是雕刻；还有劳动课；还要了解人体解剖的知识。专业实践课是去新乡路的木雕一厂（上海艺术品雕刻一厂）参加劳动，每个星期去一次。当时我们经常学习毛主席的文艺创作路线，经常深入工厂、农村、部队之类的地方体验生活，创作了一些反映工农兵形象的作品。

学校安排黄杨木雕教学是分阶段的，一开始教我们学习磨刀、做刀，学会大概要三个月。我们刚开始学习制作雕刻刀的时候，用的都是那种笨拙的手工砂轮，还要生煤球炉，用来淬火。一卷钢丝，要截断。截断后要用火烧，烧好了要敲扁，再把它磨成各种刀的形状。刀柄也要自己做，把木头削好以后，把钢刀装进去，刀头还要继续磨，前前后后起码三个月。黄杨木雕使用的刀起码要30把左右，从制作粗坯、细坯，到修光，用的刀就越来越小。当时，磨刀、做刀的课都是林翊老师教的。

青年时的陈华明

那时候刚开始学雕刻,经常把刀划到手上,血直流,刀快得不得了,不过我们同学没人叫苦。我们班4个女生,跟男生比,女生做黄杨木雕要格外花力气的,但她们都挺能吃苦的。

一二年级,我们主要是临摹徐宝庆老师的作品,在反复临摹中领会徐老师木雕的刀法和技艺内涵。一年级的时候,我们从临摹徐老师做的各种动物开始,然后再临摹人物。现在学习黄杨木雕也是这样,一开始都要临摹小动物,这是为后面雕刻人物做技艺上的准备。人物雕刻也有难易的分别,单人的雕刻就比较简单,两个人以上就有了难度了。临摹阶段,林翊老师先把徐老师的作品翻模,发给我们每人一个石膏模型,大家就开始通过临摹来学习和领会徐老师海派黄杨木雕的造型、线条、衣纹、人体结构等等。那时,我们临摹常用的是银杏木,因为黄杨木太硬,一开始驾驭不了。

总的来说,学习黄杨木雕,绘画功底要深。所以四年里,学校一直都安排着雕塑课和素描课,这两门课训练了我们扎实的立体造型能力。另外,老师们教导我们说,黄杨木雕技艺的养成,也要靠悟性。悟性是怎么来的呢?就是来自体验生活、反复练手、不停思考。我们学习的最终目标是要学会采集资料、自己设计、自己制作,还要学会考虑比例、结构等问题。

二年级开始学习创作。一般来说,创作可以先找木头,根据木头的形状来构思作品,也可以根据构思来找木头。比如说我要创作一个小朋友,先用橡皮泥捏人像,然后再改进。捏橡皮泥需要雕塑功底，通常对男女老少的人体结构都要很熟悉。那时候，我们的创作流程通常是：先到农村去，看看农村的生活，观察农民在生活中的形象、动作，然后画稿子，再捏泥稿。老师会帮助看看泥稿哪里做得不到位，哪里需要弥补。

我的毕业作品是《红色娘子军》，选择这个主题，是因为那时整个中国都有许多关于《红色娘子军》的表演。1964年，中央芭蕾舞团到上海演出芭蕾舞剧《红色娘子军》，我就到剧团体验生活，我在那里观察演员排练、表演、练功，待了很长时间，回学校后又花了几个月画稿、捏泥稿，再做成木雕、打磨，大概有半年时间，完成了这个作品。

随谈：我眼中的徐老师和林老师

徐老师当时在上海工艺美术研究室工作，他在美校是兼职教授黄杨木雕。他给我的第一印象是温和儒雅，举止很大方。一年级的时候，我们临摹的作品基本都是徐宝庆老师的。当时，徐老师经常到学校来辅导我们雕刻，一个一个地看过去，手把手地教，把黄杨木雕的技巧、要领、知识教给我们。比如雕刻怎么由粗坯到细坯，木雕中的大体和局部的处理，怎么修光等等。同时他也告诉我们，雕刻必须掌握解剖知识，这样构图时才能把握好比例和结构。我当时做了一只鹿，他帮我看，帮我修，教我注意结构、表情，一边讲解一边示范，非常耐心。可以感觉到，他对我们寄予了厚望。

林翊授课现场（一排右二）

徐老师从小没了爷娘，被送进了孤儿院，孤儿院传教士教了他洋素描、洋雕塑，教会了他洋木雕的基本技巧。他靠的是勤奋和一些天分，经常雕到三更半夜，后来做出了许多优秀的作品，形成了海派黄杨木雕的风格。我和徐老师关系很好，时常一起看电影。那时他看了《简·爱》后，很喜欢这部作品，说简·爱也是从小没了爷娘，但她靠勤奋和坚强挺过来了。徐老师还曾经和我们一起去工厂和农村体验过生活。有一次去青浦崧泽，在我们这个组里，我被分配了剃头的任务，还帮徐老师剃过头。

20世纪50年代是徐老师创作的高峰时期，他的现代题材木雕在那时可以说是风靡一时。徐老师的作品是海派风格的黄杨木雕的代表，他把西方的素描和雕塑技巧与中国传统木雕技巧融合起来。他的作品风格幽默、风趣，都出自他心灵的感受。他很擅长抓取身边的生活琐事，经过提炼后，加上适当的艺术夸张和细腻的刻画，这些作品就成了经典。徐老师的很多作品是表现上海石库门弄堂特有的文化，因此留下了很有时代感的人文特征，很容易引起大众思想上的回忆和共鸣。我也有以青年女性和儿童为题材的作品，这也是继承了徐老师的艺术题材和风格。

在黄杨木雕专业的教学上，林翊老师花费了很大的心血，这是我们同学们有目共睹的。我们上临摹课时，林老师就先用石膏翻模（徐老师的作品），每个同学发一个。在同学临摹过程中，他会一个一个地看，进行点拨。林老师给我一种印象，就是事业心很强，也很爱钻研，还把自己很多的雕刻经验用文字总结后教授给我们。比如关于雕刻的比例、内距，"宜小不宜大""留得肥大能改小"等等很多经验之论，至今记忆犹新，总的来说，他给我的印象是做事很认真。

创作《五把铁锹闹革命》

随谈：甲子回首，海派黄杨木雕与时代高光

我们黄杨木雕班第一批学员本来应该是1965年8月毕业，9月到工艺美术研究所去报到。但是当时我们正在学校里做大型作品，抽不出时间去报到。不过我们从9月开始就应该拿工资了，所以研究所的财务就把工资给学校，学校的老师再把工资发给我们。当时有34块钱，心里很开心啊！第一次拿到工资！后来大概拖了两个月才去研究所报到，我们就进了黄杨木雕小组。

当时上海市手工业管理局局长叫胡铁生，他书法写得很好，经常到我们单位里来，对我们黄杨木雕小组相当重视，有时跟我们一起推敲创作的稿子，讨论怎么改进，怎么增加内涵。他当时给工艺美术研究所黄杨木雕创作组定了一个调，说不要追求利润和产值，要以创作为主。在这个要求下，我们黄杨木雕小组经常深入生活，去农村、工厂和具有新风貌、英雄辈出的地方去采风，创作那些反映时代风采的可歌可泣的英雄事迹的作品，那时候我们做了很多作品。当时有一本杂志叫《支部生活》，有一期封面就是我们。还有《解放日报》、上海人民广播电台，也经常报道黄杨木雕小组的创作事迹。

当时黄杨木雕创作主要是合作的方式，我们总共20人左右，一般先寻找创作题材，然后就分头做事，画稿、捏泥稿，再分工制作。比如报纸上登的，战斗英雄麦贤得，跟国民党打仗，脑袋上都中枪了，还奋不顾身地战斗。还有全心全意为人民的焦裕禄，还有雷锋啊，王杰啊……报纸上登什么，我们马上就会通过作品反映出来。

青年时期的陈华明（右一）与同学们创作作品

1973年，当时国家对大庆"与天斗，与地斗"的精神宣传得非常多，我们所长施大德找到我们黄杨木雕创作组，提出要去大庆体验生活，创作一组反映大庆石油工人精神的作品。我们大概花了一个月的时间来准备，讨论整体的计划。我们创作组的10个人都去了，有朱鸿根、侯志飞、栾旭、戚建华、李耀根、阮柏忠、樊黎明、林翊、洪毅，还有我。

我们在大庆待了一个月，回上海以后创作了9件作品，前后一共雕了一个多月。《英雄云集》是林翊创作的，主要表现全国各地的英雄儿女都云集到大庆来战天斗地的场面。《两论起家》是李耀根创作的，他表现的是石油工人在篝火旁学习毛主席的《矛盾论》《实践论》。《人拉肩扛》是朱鸿根创作的，当时油田没有吊车，钻头什么的都是靠人用绳子拉，用肩膀扛，这样运到井台上去的，非常艰苦。《油田凯歌》是阮柏忠创作的，反映的就是油井出油了，工人那种喜悦的心情。《五把铁锹闹革命》是我的作品，反映的就是家属后勤生产队的五个典型人物。《铁人回收队精神》也是朱鸿根的作品，当时油田上有很多用过的工具，家属专门成立了一个回收队，把废弃的工具回收起来，处理以后再重新利用。《女子采油队》是女同学栾旭的作品，反映的就是妇女同志们在油田艰苦奋斗，能顶半边天的精神。侯志飞雕了两个作品，一个是《缝补到前线》，表现的是家属组成的缝补小组，到油田前线去为石油工人缝补工作服的场景。还有一个是《向新油田进军》，是勘探队勘探新油田的情景。

这些作品完成以后，我们请大庆油田的领导来看，他们看了非常感动，没想到我们能把石油工人的精神表现得这么生动。他们就把这些作品都买了，陈列在大庆油田创业史展览馆里。上海人民出版社还出了一本画册，我还保留着。

随谈：为海派黄杨木雕传薪

2009年到2013年这段时间，我在上海工艺美术职业学院大师班，教授黄杨木雕，学生主要是从美院的毕业生中挑选出来的。有些学生是雕塑专业的。我记得其中有位同学酷爱黄杨木雕，在跟我学习期间，临摹了很多作品，件件都可以说是栩栩如生。毕业以后，他被一家玉雕企业录用了。他把海派黄杨木雕的技艺以及造型运用在了玉雕上，形成了独特的风格，老总非常赏识他，我也感到很欣慰。

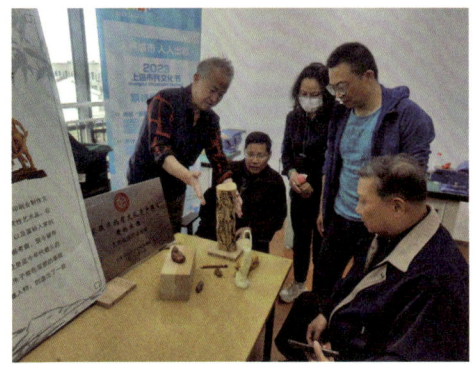

陈华明在长桥街道授课

　　从 2012 年开始，我还在上海市聋哑青年技术学校开设了黄杨木雕课。上这个课很辛苦，学生比较特殊，我无法用语言与他们沟通，只能通过助教老师打手语翻译，要把意思传递到位，非常不容易。但是这些学生都非常好学，心也很静，这让我很感动。尤其是班级里有几位藏族学生，特别聪明好学，他们能把小动物雕刻得很生动，很有天分。他们还通过助教老师向我表示，准备把我教他们的雕刻技艺带回西藏。因为西藏佛教影响广泛，他们可以回去雕佛像，修佛像。我听了非常高兴。

　　几乎在同时，徐汇区文化馆也开始聘我去教授黄杨木雕。那时，徐汇区文化馆面向社会免费开班招生，木材、上课场地，全由项目保护单位长桥街道提供。一开始有三十多人参加，年轻人、老人都有，一周一次，一次一个小时。到 2015 年，一直跟下来的有 11 位学员。通过这种形式，徐汇区培养出了黄杨木雕区级传承人常俊杰，他之前是做红木家具维修工作的，算是有基础的。

随谈：特殊的授艺经历

大概是2015年，有一天我突然接到一个电话，说是长宁区北新泾监狱打来的。对方说，他是北新泾监狱的警察，想给监狱里的服刑人员办一个黄杨木雕培训班，想请我去上课。监狱是考虑到这些犯人迟早要回归社会，如果能让他们掌握一技之长，从而自食其力，以后也不会再轻易走上犯罪的道路。我听了开始是有点顾虑——黄杨木雕是要用刀的，给罪犯用刀，我还是有点担心的。但是他们说，你不用担心，这些来上课的犯人，都是经济犯，而且都做过意识形态的测评，没有问题的。后来我就同意了。我每周去两次，每次从早上八点到下午三点，连续上四个月。开始上课之前，警察专门找了一天，开车带着我一起去浙江乐清帮学员买工具。

第一次去上课时，我心里还是挺紧张的。进监狱的手续很麻烦，他们管理非常严格，要填很多表格，手机也不能带进去，还要换专门的衣服。到了教室里，四个角都站着警察，气氛一点也轻松不起来。来上课的一共有10个犯人，都很年轻。他们上课很认真，因为来上这个课，他们就不用去做其他的重体力劳动了，所以他们都希望表现好，表现不好，是会被淘汰出去的。

我第一次课主要讲了些理论，在黑板上写写画画，给他们介绍基本的知识。第二次我雕了一个小松鼠给他们看，让他们看看一个作品是怎么做出来的，然后让他们临摹。没有美术功底的人，教起来还是挺累的，我只能用记号笔在木头上把轮廓帮他们勾出来，再让他们雕。

北新泾监狱授课

有一个年轻人，30岁左右，是同济大学毕业的，还去丹麦留过学。回国以后，进了一家在上海的外资银行工作。后来因为挪用巨额公款去炒股被发现了，判了15年。这个年轻人真的可惜啊！他很聪明，上我的课很认真，雕的东西也不错。还有个学员，是福建莆田人，之前在城隍庙开了一家店，专门卖工艺品的，有家传的木雕手艺。据说是因为有个朋友弄了两个象牙雕刻的东西放在他店里卖，被发现了，买卖象牙是非法的，他被判了5年。因为他有木雕基础，所以学得很好。以至于我后来不去上课了，监狱就安排他辅导其他犯人。他也因为各方面表现好，提前刑满释放了，现在还在开店，我们也一直有联系。

这个课最终总共上了三个月，监狱里说经费不够，后面的课要停了。我们也努力争取过，但因为各种原因，最终还是停课了。几个月以后，监狱里还组织了一次成果汇报，把我请去了，很隆重。学员雕的东西都被一一陈列出来。尤其是那个莆田的学员，他后来还雕了一些佛像、观音之类的传统木雕，还挺好的。

作品回顾：大庆工人组雕《五把铁锹闹革命》

陈华明：《五把铁锹闹革命》是大庆工人组雕中的一件，是我的作品。大庆工人组雕是我们去大庆体验生活一个月以后大家创作的成果。《五把铁锹闹革命》反映的是家属后勤生产队的五个典型人物。我都是按照她们的长相，非常写实地去创作的，作品和人物都可以一一对应上。

1973年6月，我们从上海北站出发，朱鸿根当领队。出发的那天，我们心情都很激动，而且都是轻装上阵。我们先坐火车去了哈尔滨，在哈尔滨住了一夜。第二天买了到萨尔图的火车票，那时候没有"大庆"这一站，那个地方叫萨尔图。我写信回上海，寄信地址写的是大庆油田，马上就被退回来了，不允许写的，那时候都是保密的。从哈尔滨到萨尔图，火车坐了整整四个小时，

陈华明《五把铁锹闹革命》

出了哈尔滨，一路上越来越荒凉，都是大片的草原，几乎一座民房也没有。

我们中午到的萨尔图，油田上安排了大的敞篷卡车接我们去东风接待站。那里都没有砖房，墙壁都是用泥巴夯起来的，当地人叫"干打垒"。这个房子看起来很简陋，其实里面冬暖夏凉。屋子里面都用天然气的壁炉，因为大庆是油田嘛，他们也开采天然气，当地人那时候就用天然气了。据说冬天一生火，整个房子很暖和。我印象最深的就是那里蚊子多，而且都很大，比蜻蜓小不了多少！我们每天晚上睡觉前，就把天然气的壁炉打开，人跑出去，门一关。蚊子都会往火上面飞，一会儿就都死了，然后我们就能进去睡觉了。

一开始几天，我们跟着油田上接待的人到处参观，他们有各种展示馆，我们参观学习，上阶级教育课。油

20世纪70年代大庆油田上劳作的妇女

井上也去了，家属住的地方也去了，还去了大庆的炼油厂。那里确实艰苦，油井上的工人平时都不回家，就住在油井旁边用铁皮搭的简易房里。他们家属区离油井很远，要等单位派卡车送他们回去，才能回家。

我们每天出去参观，晚上回到接待站就讨论创作思路，后来我们选了大概十个点，分头去体验生活。有的人去了油井；有的人去了缝补厂；有的人去了女子采油队。当时石油工人都是男女分开干活的，女子采油队估计也有一两百人，她们挺不容易的，跟男的干一样的活。我被分配到了职工家属生产队。

我去的那个职工家属生产队，就像一个村庄，工人在一线采油，家属就在后方种菜，养点家禽。生产队里基本都是妇女和小孩。我住在一个单独的接待站里，一排平房，四五间房子，只有我一个人住在里面。我每天跟家属同吃同劳动，吃饭是在一个食堂里。吃窝窝头或者馒头，他们不太有肉吃，吃得很苦，但是有时候会给我炒个肉片。我白天有时候会找他们聊聊天，晚上在接待站里就构思我的作品，勾线稿。

当时，他们那边正好在宣传"五把铁锹闹革命"的精神，把五位家属作为了典型。因为是她们最先发起的：石油工人在一线干革命，家属也能干革命。她们五个女同志，我都找她们聊过，对她们比较熟悉以后，再反复地修改我的线稿。这样大概过了一个月，我们十个人的创作小组又集中起来。当时我们一共有九个作品，基本上主题都定好了。我们就在东风接待站旁边挖了些泥巴，把自己的作品草稿先捏出来，然后一起讨论，互相提意见，再各自去修改，这个过程持续了两个星期。差不多以后，我们就请大庆油田的领导过来看，提意见。他们比较关注的是，有没有把石油工人战天斗地的豪迈精神做出来。我们再根据他们的意见修改，最后他们满意了，我们就定稿，用照相机把泥稿拍下来，把照片带回上海。

回上海以后，我们就根据照片把泥稿捏出来，再请研究所的领导来看，提修改意见，最后定稿以后，再做木雕。我们一共创作了九件作品，分别是《英雄云集》（林翊）、《两论起家》（李耀根）、《人拉肩扛》（朱鸿根）、《油田凯歌》（阮柏忠）、《铁人回收队精神》（朱鸿根、栾旭）、《女子采油队》（栾旭）、《缝补到前线》（侯志飞、戚建华），《向新油田进军》（侯志飞），以及我的《五把铁锹闹革命》。

因为这个作品体量很大，黄杨木没法做，我们都是用丹塔木做的。丹塔木这种木材很大，两个人都抬不动。这些丹塔木，都是我们去造船厂买来的。他们是从非洲进口用来造船的，这种木头泡在水里不会变形，他们都很珍惜，不对外卖。我们创作组呢，因为之前经常会创作毛主席的宝像，比如《开国大典》《遵义会议》，都要做，所以去问他们买的时候，就跟他们说是用来做"宝像"的，他们一听，马上就同意卖给我们了。

六、闻志高：与黄杨木雕的跨世纪重逢

黄杨木虽然比作木中象牙，但从来比不上象牙的坚硬细腻，雕制小体积物件时易于断裂。在创作儿童多人群雕的作品时受黄杨木材尺寸的限制，人体比例大多控制在五六厘米的高度，因而要精确地刻画脸部的眼、鼻、口与表情，难度非常大。黄杨木密度虽然高，但仍然有着木纹丝流特征，要让每一刀的刀锋，顺着丝流切削出微小的每个点、线、面，不得而已要无数次反复转动，调整作品的丝流方向，千万次、万万次的磨炼消耗着体力、眼力和耐心。我深深体会到黄杨木雕前辈们，每一次付出的创作，每一件制作的作品，是在生命与时光中提炼文化艺术的结晶。

我在创作制作中不断努力付出的结果，渐渐靠近了黄杨木雕正传的风格，得到当年黄杨木雕班师生的赞同，他们一致鼓励我做好继承和传承的担当。上海海派黄杨木雕经过流失数十载的年华，在回归工艺美术殿堂的台阶上，迈开重启的一步，黄杨木雕的继承、传承事业依然任重道远。

闻志高

闻志高，1954年生，上海人。1971年选入黄杨木雕培训班全日制培训3年，林翊任专业老师；毛关福任雕塑老师；后期拜侯志飞为师，专攻海派风格黄杨木雕儿童题材作品。2014年，进入上海工艺美术职业学院，

辅助侯志飞执教黄杨木雕大师班，2025年，成为"黄杨木雕"市级代表性传承人。

闻志高访谈

随谈：我与黄杨木雕"70届"①

我小时候莫名就很喜欢雕刻，和工艺美术的缘分也许沾了点天意。

我出生在市区，在汾阳路、复兴中路围合的里弄里，中间相隔着老市二女中②，再旁边就是工艺美术博物馆③，也就是现在俗称的"小白宫"。那时就听大人说，汾阳路的"小白宫"里，有很漂亮的灯彩、象牙雕刻……稍长大一些，我在南京西路的工艺美术品服务部④里，更是目睹了琳琅满目的展品，由此我见识到了竹刻、木雕、微雕等一系列喜爱的雕刻展品。

我儿时住的大院子里，外面围着篱笆，里面只有三户人家，与我年龄相仿的小孩只有两个，我也很少和外界的小孩交往，所以"打弹子""钉橄榄核""抓四角片"我都不会。后来受到几个大孩子影响，激发了我学做飞机船模的爱好，拿起刀片削木头刻模型，逐步养成了动手动脑的兴趣爱好。记得那时，我花了8分钱在襄阳路的五金店买了一把刻刀，找了一块竹片在上面试着刻写书法。在60年代上小学的时候，一度风行"刻纸画"，我玩得不亦乐乎。小学课余时间，我还参加过小小电工组兴趣活动，学装矿石收音机、自制小台灯等手工，相比现在的小学生，我们的儿童时代是太自由、太幸福了。

① 根据闻志高回忆，当年的黄杨木雕班70届实际是在1971年分配，延迟了一年，其中学工学农各半年时间。当年有关文件称为本届中学毕业生为"70届"，从那年后上海就没有了71届的，顺延为72届。

② 前身上海务本女子中学，创建于1902年，创始人吴馨，是中国人创办的第一所女子学校。1952年7月12日，学校改名为上海市第二女子中学，1967年再次更名为上海市第二中学。

③ 上海工艺美术博物馆，位于上海市徐汇区汾阳路79号（永康路与太原路之间），占地面积5862平方米，建筑面积1500平方米，隶属上海工艺美术有限公司，是一家艺术类博物馆。

④ 上海工艺美术品服务部（有限公司），现位于黄浦区黄河路11号上海工艺美术商厦。

市百一店

也因这些爱好，潜移默化地把我的志向引向了之后的工匠之路。

20世纪70年代初，是我们70届中学毕业生面临毕业离校的时期，也是中国经济处在落后与徘徊中，工艺美术行业青黄不接的时刻。当年周恩来总理指示：为更快为国家创取外汇，要加快发展民间工艺品的出口，并重视人才培养，在毕业生中选拔有美术特长的学生，进入工艺美术企业中尽快培养接班人。为此，上海工艺美术行业在有关学校展开了学员的选拔。当时上海工艺美术厂是重点培养黄杨木雕的企业，1971年9月共选入26名学员，在企业中建立了"黄杨木雕培训班"，执行三年学制全脱产的培训计划，并采用工艺美校61届的教育大纲，师资也是原班人马，着重美术基础、人体解剖与雕塑技法的综合培训。

70年代，工艺美术工厂地处市中心的"市百一店"①七楼和八楼上，总面积约2000平方，也是旧上海赫赫有名的"大新公司"旧址。因招生要求以厂址就近与公共交通便捷的原则，学员大都来自杨浦、虹口、卢湾（2011年并入黄浦区）与闸北（2015年并入静安区）。当年我有幸被学校老师推荐为特长生，成为一名黄杨木雕的新艺徒。在26人中，很多是来自高知家庭的子女，文化素养、美术基础已经是非常出色，与其相比我如同一张白纸，什么都要从零开始学起……

①市百一店：全称上海市第一百货商店，也被坊间称为"中百一店"，位于上海市黄浦区南京东路，西藏中路东北角。建于1934年，1936年开张营业。曾是远东最大百货商店，大楼曾获得亚洲最佳建筑设计奖。新中国成立后，上海市第一百货商店迁入大新公司，之后很长一段时间里，在营业面积、营业品种、销售规模上一直在全国百货零售业居榜首。

随谈：人才济济的工艺美术工厂

黄河路南京路国际饭店隔壁，是工艺美术品服务部，过去属于工艺美术公司。它和工艺美术工厂是兄弟单位，以前同属手工艺管理局，上海叫"手管局"。我们工艺美术工厂做的产品在工艺美术品服务部陈列和展销。这个地方以前在上海很有名的，六七十年代的时候，上海还没这么繁茂，但（这个地方也是地标）外地人到了上海一定要来逛逛的，因为有很多卖服装的。那么大家逛逛服装，再顺带去看看我们的展柜。

市百一店的七楼，以前就是我们工艺美术工厂的主要平台，上面将近2000平方。八楼因为当时有顶，面积小一点，是做了食堂。工艺美术工厂在七八十年代时工艺美术品种很丰富，有灯彩车间、丝绒车间、植绒车间与工艺绘画木雕车间四大车间，而工艺绘画木雕车间又下设国画组、油画组、裱画组、刻纸组、画像组，以及黄杨木雕这个大组。其中裱画组也是工艺美术厂的一块金字招牌，精品书画装裱、古画修复都是沪上一绝，常常看到裱画组的同事被四壁贴满的名人书画包围。刘海粟、程十发、高式熊等著名书画家经常光顾。1976年末，刘海粟来此装裱了巨幅国画《鲲鹏展翅》，画幅之大，必须由七八个裱画师协同操作，震撼了画界与媒体。

我们黄杨木雕组当时有五六十人，是最大的一组，因为60年代末，工艺美术研究所一度迁出汾阳路"小白宫"，与工艺美术工厂混居一堂，并且同属一个党支

20世纪70年代初的工艺美术工厂黄杨木雕小组

部领导,所以人员较多,有侯志飞老师他们老一辈,毛关福老师一批,再加上我们新一批。著名画家夏葆元是当时工艺美术研究所的艺术指导,与61届黄杨木雕班的刘巽发、毛关福、洪毅等是同龄人,也同是追求美学目标的一群良友。夏葆元①油画系的同学陈逸飞②、魏景山③也时而与黄杨木雕61届的志同者交流切磋。当年在市百一店七楼的木雕组里,我们亲耳聆听了魏景山讲述赴西藏写生的经历并观摩了他的藏区速写与拍摄的黑白照片,还是小艺徒的我们,听得津津有味也无限向往。那时的班主任毛关福也带领我们去参观过巨鹿路上的油雕院,当年也很有幸看到画家陈逸飞创作油画《黄河颂》的现场。

20世纪七八十年代的工艺美术厂是繁忙热闹的,有较高的社会影响,常有各界文化名人来采访参观。中国篮球队巨人名将穆铁柱、邢伟宁来过;"笛王"陆春龄来过;上海滑稽界著名表演艺术家姚慕双、周柏春,在1976年底率团来我厂演出;著名越剧表演艺术家丁是娥、沪剧表演艺术家石筱英也曾来厂里参加折子戏演出;上影厂导演编剧来过厂里采风;上海歌剧院组团来厂里参观;上海油雕院雕塑家也来过黄杨木雕组学习雕刻。在那个年代,工艺美术厂的文化艺术氛围称得上轰轰烈烈。

---

① 夏葆元(1944-):上海市人。画家。中国美术家协会会员。1965年毕业于上海美术专科学校本科油画系,后在上海工艺美术研究所任艺术指导。与魏景山、陈逸飞并称"上海美专三才子"。代表作品有《面团》《士别》《黄河怨》等。

② 陈逸飞(1946-2005):生于浙江宁波。现代画家、导演、视觉艺术家。1965年毕业于上海美术专科学校(现上海大学美术学院),后任职于上海画院油画雕塑创作室。他专注于中国题材油画的研究与创作,以"大美术"的理念,在电影、服饰、环境设计诸多方面都取得了创造性成就。主要油画作品有《黄河颂》《占领总统府》《踱步》《故乡的回忆》《浔阳遗韵》等;雕塑作品《东方少女》等;导演作品有《海上旧梦——陈逸飞个人随想录》《人约黄昏》《逃往上海》《上海方舟》《理发师》等。

③ 魏景山(1943-):出生于上海,祖籍浙江宁波。1965年毕业于上海美术学院油画系。随后在上海油画雕塑创作室任专职画家。与陈逸飞、夏葆元并称为"上海油画三剑客"。代表作品有《行程万里》《智慧与毅力》《瞿秋白》等。

随谈：温州实习的回忆

进工艺美术工厂前，我初中上了一年，其实我们70届（中学毕业生）是（19）71年进单位的，因为前面66届、67届包括69届，都往后推迟了一年，所以到我们70届的时候也推迟了一年分配，推到了（19）71年。我们第一年在上海学习半年，然后下半年就去了温州。主要是学习那边如何高效率地制作产品，比如打坯的手法等等。

1972年初夏的一个下午，黄杨木雕培训班26位同学和三位老师，踏上十六铺码头的舷梯，缓缓爬上了白底蓝边的民主号轮船，去往温州市的瓯江码头，三千吨级的民主号一个大拐弯出发了，要经过26个小时航行才能到达。将近两小时后，轮船驶出了吴淞口，刚才还是泥黄浑浊的长江水，渐渐地被蔚蓝的海水替换。那天天气特别好，蓝色的天空与海水衔接成一线，几片白云划过桅杆上飘扬的旗子。当民主号驶入杭州湾外海域，海面开始躁动起来，船体开始晃动，越向前行驶风浪越大，听船员说将有六级以上大风，同学们也纷纷出现不同程度的晕船，好在第二天上午风平浪静了。经过六百多公里的航行，民主号进入温州一带的近海。早晨站在船舷上，能看到海岸线上的山丘、村庄和点点人家。出了船舱看到当年陈旧的温州码头，对面有座盆景一般的石岩山，山上还有树木和砖木结构的民房。

从瓯江码头来到旅馆，我们几个同学住在底层的通铺间，傍晚前大家走在解放街上，这是温州市最繁华

王笃纯向同学们教授衣纹雕刻技巧

师生们在瓯江江心屿的合影

的马路，当时那里的马路还不是柏油的，而是山石块拼铺的，街道还有青砖铺设的路面。在温州市利用第二天休整的机会，我们上午参观了温州瓯塑厂，下午乘坐小木船渡过瓯江，登上了江心屿风景小岛。江心屿宽不到300米，长也只有2.5公里，犹如一个精致的盆景镶嵌瓯江的中间，它象征着温州的文化历史。第三天我们乘坐的也是小木船，横渡瓯江前往乐清县（今乐清市）柳市镇木雕厂。红色木船约有1.5米宽，头尖尾窄，一条船可以坐七八个人，一行29人分别坐了四条船，组成了一个船队向柳市进发。地图上只有二十多公里路，当年我们花了至少三个小时。小木船行驶到瓯江中，随着浪涌前后颠簸摇摆，船帮离水面只有20厘米都不到，手随时可以伸入江水里。随着瓯江进入支流，小木船也像摇篮一样温顺淡定了，随着船老大的划桨脉冲波稳稳地向前，穿过村庄、穿过桥洞、穿过树影……终于在一个拐弯后看到了柳市镇的船码头，那几块石头的台阶上，木雕厂领导等候已久了。

柳市，一个江南小镇，满地山石块铺成的陈旧街道，河边两处百年的蟠天榕树，龙须一般的树根弯弯曲曲插入岸边的石缝里，一树成林的奇景让人刮目相看。我们学艺的"乐清艺术雕刻厂"坐落在镇外围，门外一条清清的河流，后面是一座座组合山体，窗外是稻田飘香的绿野。虽然是郊外，但是步行到镇上的商业街只要花两分钟。我们18个男生和老师是借居在农户的家中，是一幢由山石垒砌裙围的二层楼房。二楼清一色地铺上每人一顶自带的蚊帐席地为家，这是一个五六十平方的大间，走廊那儿还有一个七八平方的小间，还能住进四五人，这小间就成为吹牛、聚集的娱乐天地，也是晚上最晚关灯的特区，在这里每晚有捧腹的笑料也有惊天的奇事传说……

夏天也是闹台风的时期，我们在柳市的那段时间正遇上了第9号强台风，台风中心经过离柳市16公里的东横山岛区域，柳市几乎处在台风的风眼圈内，风力强达12级以上！雨伞几乎是无用的一片纸，不是折断便是被风吹上了天，雨点打在脸上就像蚕豆敲在头上，强风暴雨之下连呼吸都困难，只有农民穿着蓑衣还能自在地行走。因受台风的影响，很可能炸坝泄洪，柳市地区将被洪水淹没至2米。当地的公社革命委员会做出了重要部署决定：以枪声为炸坝的号令，紧急撤退人员上山。一时草木皆兵，气氛紧张，我们半数的男同学留下做保卫厂房的值班，班干部和身强力壮的都被留下了。那时潮湿的地铺上跳蚤又格外地猖獗，呼啸不停的台风、暴雨时时分分地向农舍袭来，吹得屋顶发出"咯吱、咯吱"的震撼声。我们从精神上、体力上经受了巨大折磨和战争般的精神恐惧，在强风的夜晚我几乎无法入睡，雷声、风声、雨声加上心跳声，声声不息盼着枪声不要响……

随谈：体验生活与创作汇报

从温州实习回来，学习满一年，工艺美术公司和企业给我们搞了一个一周年学艺汇报会。那时候每个人要创作一件作品。我当时做的一件是我比较喜欢的，和舞蹈相关的，正好那个时候有"八个样板戏"①，当时我做了一个作品，现在展览会里也放着，叫"冲出虎口"，(是根据)芭蕾舞（《红色娘子军》选段）创作的，但是（原件）在厂里也带不回来了。后来我重新做的时候，就和我太太讲了，我还是从这一件，也是我的第一件开始做，把原来的作品都复制出来。那时候还没什么创作经验，因为我们刚刚学了一年，尤其是比较革命化的题材。但是上海的黄杨木雕当年就是做人文题材的，它和社会的脉动是同步的，所以评价很高。那时候林翊老师是负责专业的；毛关福老师是共产党员身份，在题材上面他主要把关。

三年的工厂培训班学习中，我们每年至少有两周去奉贤星火农场或者崇明前进农场劳动的时间，也是体验生活。两个礼拜睡在农场，睡地铺、通铺；早上6点起

①样板戏："文革"时期，有一些被树立为文艺榜样的，以戏剧作品为主，加上少量音乐作品的大中型舞台艺术作品，统称为"革命样板戏"或"革命样板作品"，俗称"样板戏"。人们普遍比较熟悉的是京剧《红灯记》《智取威虎山》《沙家浜》《海港》《奇袭白虎团》，芭蕾舞剧《红色娘子军》《白毛女》，交响音乐《沙家浜》这几部。

闻志高《红色娘子军·冲出虎口》

来劳动，马上就下地，也参加劳动、插秧。在那里，我们见识了"三抢"、收割、插秧、棉花田、打麦场。真正"三抢"的时候我们倒是不去，我们"抢"不过的。记得有一次，我们帮着去收麦子，等回来我浑身都是麦芒。当时也不知道，过去就愣头巴脑把衣服脱掉，结果被麦芒、麦秆戳得一道又一道血杠杠，又痛又痒真是措手不及。还有一次在棉花田里除草，一不小心踢到锄头的刀锋，霎时穿破胶鞋脚被划破一个大血口，农场医务室里没有消炎药、没有止血药更也没有缝针术，唯有医用棉花和橡皮膏布。在农村艰苦的劳动生活条件的对比下，我们在市百一店大楼上的工作显得太幸运了。

我们班26个人，有时候一起去体验生活，如果有创作任务了就分开。比如说陈毓其[①]，他是做工业题材的，去的是江南造船厂，所以他有一个比较成功的作品，是做造船厂下属的一个舱面，他们到那里去做创作。其实工厂也不比农村舒服，因为到那个地方很危险，同学们十七八岁的年纪又不太懂，船很高，从上到下有五六层楼那么高，里面又不是平地，全部是电焊的管道，走路都不好走，稍不注意就容易被绊倒，这样俯冲出去撞破皮还算好的，再危险一点可能就直接掉下船舱有生命危险了。

[①]陈毓其：黄杨木雕培训班70届学员，1971年招入工艺美术工厂，曾任上海工艺美术博物馆馆长。

随谈：80年代黄杨木雕的衰落

进入20世纪80年代后，市场经济不断推进，纯手工的上海黄杨木雕艺术品在产能、效益和成本上，远比不上更符合市场需求的现代轻工业，出现滞销、积压与无米下锅的状态。随后经历减员、改行以及人才人员流失，黄杨木雕原有的荣誉、活力就此退出了行业平台。

我们去浙江学了以后，其实到上海并没有发挥到作用。这是两地的文化（差异），浙江当时还是做很传统的东西，但上海已经接受过西方艺术教育了（审美差异比较大了）。其实我们这些小孩子当时学画画都已经偏西方了，在上海都看的罗丹的雕塑，都喜欢这些东西，然后传统的东西讲起来，人体结构比例都不符合西方的，所以大多数都不太喜欢，要做还是做偏雕塑型的。

我们到温州那里学，就是学他们的生产流程。因为像老师他们没搞过生产，人多了以后就需要搞流水线，你负责打坯，你是去洗坯，他是修光（流水线分工），还有搞了一批磨砂皮的，就是他们温州的模式借鉴过来的，但是在上海搞了不成功，所以后来逐步到了80年代，就被推翻了。企业也不可能养人了，那时候也没人支持了，大家没有任务了，就在家里待业、待岗。

80年代初，我们也结婚生小孩了，好多人没事就在家带小孩了。再到90年代初，企业里就来清理了，所以90年代末原厂的传统体系基本就解体了。我们这一届黄杨木雕班，（19）71年进企业，学了三年，到80年代初，真正做黄杨木雕也就10年左右。到（19）

83年、（19）84年基本都改行了，改画画去了。那时候不是流行丝绒画①吗，我们搞木雕的人都去画画了。80年代的时候，我们小青年结婚都这样去挂一幅。丝绒画就是用油画的形式画在丝绒上面。它不能称为艺术品，只能算是一种工艺品。那时候我们一天要完成8幅的指标，可超产4幅，超产有0.5元一幅的奖金，2元封顶。画一个画框，卖出去三十多块钱，成本大概20块。大一点的高度要有70厘米，宽40厘米。当时我们很多人转行做了这个，也就是改行了，但画了没几年也倒掉了。工艺美术工厂办到后来，（19）87年，我们的企业也从市百七楼搬到了（徐汇区）钦州路②。虽然新厂房新领导尝试了很多项目内容的转型，但依然收效甚微。在这期间，黄杨木雕人员也不得不以高考、出国、跳槽、下岗、辞职等各种方式逐步离开企业，各自另谋生路。

① 丝绒画：用染有各种色彩的丝绵，铺于玻璃镜框底板上而形成的绘画。不用任何黏性物质附着，而全凭玻璃挤压固定。画面因丝绵的光泽而富有油画的艺术特色，和回丝画的艺术效果近似。

② 上海工艺美术有限公司工艺美术厂，地址钦州路528号。

作品回顾：《腾飞》

闻志高：《腾飞》的创作是在2017年侯志飞老师悄然去世之后，我怀着对侯老师深切的思念，萌生出要继承他的创作思路，追思侯老的艺术之灵与工匠精神，为他的《飞跃》创作续篇，再一次用黄杨木雕琢出展望百年建国伟业的辉煌时刻。

侯老师的《飞跃》创作于1978年，是侯老一生中的优秀巨作，在同行中影响深远。回顾侯老的创作思想与塑造的作品，一贯紧跟时代的脉动，歌颂祖国美好时代。《飞跃》表达了侯老师对当时还处于低落时期的中国，

实现四个现代化，强势起飞的强烈而美好的愿景。这件作品走过四十载春秋，已然见证了中国在这四十年间逐步成为东方经济强国，它也会继续见证我们完成百年建国伟业，成为真正强盛的国家！我们势必将迎来新时代、新战略的加速与腾飞。所以"腾飞"的概念也进入了我的创作思绪中。

"腾飞"从塑稿到定稿，用了半年时间反复推倒再塑，虽是继承侯老创作的思想和风格，又不可成为单纯的仿制件。我将塑造的"腾飞"同样要表现出龙腾飞跃的张力和儿童们在龙脊上生龙活虎你攀我爬各显神通的活力。为塑造中华巨龙"腾飞"加速动感，龙的躯体采用蟠龙螺旋向上腾飞的姿态。为表现改革开放硕果累累的喜庆，作品还塑造了儿童敲锣打鼓与吹奏的组合，举着千金龙珠的小子指引着中华巨龙奔向华夏百年复兴大业。

《腾飞》同样追求气势的浩然喷薄欲出，需选用直径达到25厘米以上的黄杨木毛料，这是目前黄杨木中的大款料。但来自湖北省神农架的高山黄杨早已稀缺，在上海高价难买也无处寻觅供货商，有幸在浙江温州同行的协助下得到了金贵的湖北木料。从塑稿、寻料、雕制完成，时间跨度两年之久，最终在2019年9月完成，正逢新中国成立70周年大庆。盘旋升腾的中华巨龙翘首昂头，欲飞往百年建国伟业的未来时空。六名福娃争先恐后又相互携手地攀爬在龙体上，娃娃们将与中华巨龙一同跨越时空，迎接2049建国百年的伟大盛世，成为建设、守护中华大地的主人和时代的驾驭者，他们肩负着中华民族文明复兴的梦想。

2017年，侯老师突发疾病，不幸离世，走完了他60余年黄杨木雕的艺术生涯。而今虽然再也听不到他的指点和鼓励，但他留下的工匠精神时刻鞭策和鼓励着我，《腾飞》虽然已经完成了，但在工艺制作各方面与前辈们还有很大差距，耕耘的路途依然遥远。

作品回顾：《金童奉仙桃》《金童捉迷藏》

闻志高：黄杨木雕创始人徐宝庆与传承人侯志飞老师，在作品中有大量表现农村劳作、儿童游戏风格的作品，这也是海派黄杨木雕的题材特征之一。《金童奉仙桃》《金童捉迷藏》二件姐妹篇的作品是为继承与追求其风格而创作的。

我小时候看到外婆家的年画中有"群童抬仙桃"，那时候也会梦想摘一个几个人抬的大仙桃献给家人寿星老。如今外婆早已不在了，而今完成《金童奉仙桃》的创作，也是弥补我当年梦中没有摘到大仙桃的遗憾。《金童奉仙桃》中一颗夸张的大仙桃，前后被六名儿童齐心协力地拖、拉、推、拽着往前去，前面一组幼童前后左右互相叠加，很多死角在雕刻中很难进刀雕琢到位，不得不专门加工特殊弯曲的刀具，一点一点地挖掘镂空。

闻志高《金童奉仙桃》　　　　　　　　　闻志高《金童捉迷藏》

当黄杨木在雕刻刀下变成了只有几毫米粗细的"绳子"时，会变得十分脆弱，一不小心就会被折断损坏，为了保持雕刻作品的完整性，必然只能慢工出细活地耗去时间。

《金童捉迷藏》刻画了一个快乐又凉爽的夏天早晨，一群孩子围着一只超级大的茄子捉迷藏，幼稚天真的画面也是来自我童年的记忆。外婆居住的近郊，屋后面留有一片菜地，不同季节分别种有葵花、南瓜、蓖麻和茄子等，童年时我经常与邻家小孩在菜田里穿行捉迷藏，千方百计想找个躲藏的好地方，如果有个大大的南瓜、大大的茄子可以藏身，那就太神奇了！童年的记忆常常触发我对儿童题材作品创作的热情。

《金童捉迷藏》也利用了黄杨木横向木丝流的构图制作，这样作品横向宽度有充足的材料余地，因为黄杨木的直径是非常有限的（较少超过15到20厘米）。横向构图与制作也是海派黄杨木雕创始人徐宝庆在雕刻整体群雕作品时开创的先例，由此也推动了黄杨木雕从小型化走向20世纪60年代群雕作品的大型化的发展。

闻志高《生命领航员》

作品回顾：《生命领航员》

创作于 2020 年春，在 2021 年上海工艺美术行业第二届"攀登"作品评选活动中获得最佳优秀作品奖。

闻志高：《生命领航员》是在 2020 年初武汉发生疫情防控期间创作并制作完成的。2020 年春，突如其来的新冠病毒如同恶水倾泻而下，把人们卷入到生死河中，成千上万的百姓处在生命垂危的危机中随波逐流。白衣战士们跳入生死河中，托起昏昏病睡的患者，拉回生死线上弥留的灵魂。她们勇敢担当起生死线上的生命领航员，无数的生命被拉回到阳光下的岸边。救死扶伤的白衣战士们废寝忘食、连续冲锋，有多少一线医务人员付出了生命，无数参与者离开家庭，离开孩子，离开家乡，千里逆行奔赴武汉，与病毒决一死战……

我在经过了深深的思索后，生成了一尊女神般的雕塑形象：抗疫中白衣战士们废寝忘食日夜守护在方舱，时时刻刻护航着每一个病员的生命与健康。经历了几个昼夜的连续工作，白衣战士走出隔离区，此时已经疲惫不堪。她拉开防护服，挺腰仰头深深地呼吸了一口新鲜空气。因太过疲惫而即刻将要睡去的她进入了半梦中。此刻，她是否也还在担心孩子、家人的安危？白衣战士是人民最可敬可爱的女神！

七、常俊杰："白相"海派黄杨木雕

我自己本来就对海派的风格和传统文化比较喜欢，而且我之前也做家具的，风格也都是民国时期的，所以一直对海派的工艺和风格比较喜欢，海派的风格本来就和西方的（艺术风格）有结合。那么海派木雕也是这样，徐宝庆老师也使用了浙江传统的木雕手艺，结合西洋的雕塑理念，包括人体结构、解剖学知识，形成了海派木雕的一种风格。

我自己理解，海派，首先是吸收了国内的传统工艺，但传统工艺的问题就是没有对人体好好研究过。那么徐宝庆老师学习了西方的一套雕塑艺术以后，形成了一种新的艺术风格。而且徐宝庆老师的作品，写实的比较多，题材也比较广，更加丰富。像过去传统的黄杨木雕做历史人物、神话内容比较多。当然这也是前几年的事情了，现在浙江也不差了，现在浙江超过上海了，说实话是超过上海了，上海现在没人了，老师都年纪大了，年纪轻的（没什么人）。但是实际上"海派"促进了国内的雕刻技艺的进步，提升了国内的木雕水平和风格。

常俊杰

常俊杰，1956年出生于上海，江苏常州人。早年在上海提琴厂从事金工工作。受家传影响，从小对木作行业比较熟悉，有一定木雕基础。2011年师从陈华明，学习海派黄杨木雕技艺，在黄杨木雕细节与工艺上有了质的飞跃和进步。现为"黄杨木雕"区级代表性传承人。擅长雕刻老上海风情、百工百态等市井生活场景。

常俊杰访谈
随谈：常州来的"小雕匠"

我出生在上海，静安区新闸路。我的父母都是江苏常州过来的，他们（20世纪）二三十年代就来上海了。我祖父就是搞木匠的，那个时候到上海开了木匠店，主要做家具，我父亲也跟着做木匠，到我这一辈就不做了，因为我是73届嘛，（19）56年出生的，不能再继承父辈的工作，那么我就是进厂了。但是因为家里人是做这个的，我对木料、工具这些还是比较熟悉的，所以对木制品这块（从小）有点感觉。

进厂以后是做金工，做模具什么的，做了6年，然后我就转到上海提琴厂去了，之后还做过竖琴。竖琴的（制作）要求比较高，它里面金属（配件）也不少的，甚至比钢琴里面的配件还要复杂，因为里面很多东西是曲线的。我有一件《竖琴》的黄杨木雕作品，就是根据真实的竖琴微缩仿真制作的。那个时候我跟过一个浙江台州的师傅，不是正式拜师的那种，因为我们是一个小组的，我跟他关系很好，我就常常叫他"师傅"了。因为我（做竖琴）工作很轻松的，当时一年就生产一两台。我就经常蹲在木雕师傅身边看，没事的时候我就跟着他一起雕雕弄弄，给他帮帮忙，帮他做工具，像雕刻工具刀什么的，我做工具比他做得好。因为我金工好，所以我比我

常俊杰《竖琴》

常俊杰早期红木笔筒作品

爷爷和爸爸做工具都做得好，像我们做木雕的话，金工要好，木雕的工具都是要自己打出来的，如果金工手艺不好，工具做不好也不行，外面去买的工具用着不顺手。

所以我在（20世纪）80年代，搞了几年平面的木雕。竖琴上面的雕花是这个师傅来做的，我也跟着接触了一点技艺。但是那时还只是平面雕，基本上是浙江、江苏那边一派的雕法。从那时候就开始喜欢了，别的事情也不怎么做，就雕雕这个玩玩，这样形成的一点基础。当时平面雕基本都是一些传统图案，龙啊，梅花啊，（传统吉祥）花纹啊，比较简单。也有人物一类的，多是线条类的，最多浅浮雕吧。但是平面雕的工艺也不错的，（因为）圆雕还可以稍微修修改改，但平面雕比如人物的面部，它一刀就下来了，没法补救的。再比如雕眼睛的时候，一刀下去，眼睛就要出来，准确度要求很高，所以说平面雕也有难度的。但是那时候的木雕也只是兴趣爱好，不是正式的工作。

随谈：家传的选料手艺

像我爷爷、爸爸那一辈，我小时候听说，他们一般去那个肇嘉浜路（拿木材），老早叫"臭河浜"（20世纪30年代左右），那边有一个木材批发市场，他们叫"石灰港"①，新中国成立前他们是去那里批发料子。当时他们买的是做家具的料，（质量）相对就差点了。新中国成立以后，50年代的时候，就公私合营了，他们也都进（公办）厂了，小作坊都没有了。我父亲进了家具厂，我爷爷进了卖家具的商店。

因为我家里人做家具生意，所以我对木材的本性、纹理比较熟悉。雕这个东西你也要熟悉木材的纹理，还有脾气。什么料什么脾气你要知道，这个很重要的。上海有几个专门卖高档木材的市场，我常去的是在宝山大场那边，有个高档木材的批发市场，那边都是好的木材，各国的木材都有，好几十种。我黄杨木也到那边去买的。

黄杨有个缺点，基本上都是穿心的，中心基本上黑的、空的很多。做作品的时候需要避开，要是避不开，这个作品就废了，要么就是（只能）放到背面去。挑的时候要看黄杨木的干燥度。如果不够干燥，拿回家也没有用。我们去买基本上是买老料，就是砍下来以后要等七八年，放在那边（干燥好以后）再慢慢拿出来卖。这个时候挑木料就要看眼光了，要是看得不好的话（买到太湿的木材），一锯开来它就裂了。每个地区的（黄杨木）外面的树皮看着是差不多的，所以主要是看它的切面，看纹路和纹理。那么干燥度呢，从它外面的树皮，基本

---

①"日晖港"是肇嘉浜（20世纪50年代已填浜为肇嘉浜路）中段一条入黄浦江的通道。同治《上海县志》载，"日赤港又名日晖港，俗称'石灰港'，港浦水入北流，为新港，有里、外日晖桥，里日晖桥有闸，因居肇嘉浜左腋（即北通肇嘉浜），为防浑潮阑入，浚改为堰"。

常俊杰的木雕工作台

黄杨木木材

上能看得出砍下来几年了，因为树皮在外面如果（只）放一两年是不会烂的，（但是如果）放了10年左右，树皮基本上就烂掉了，烂掉以后就变酥了。（但是）黄杨木好在什么地方呢，它里面很不容易烂的。

所以黄杨木砍下来以后的存放也是技术活。不能阳光太强，最好是光线稍微暗一点，通风一点的（地方）。（产地）那边林业场很大嘛，木料砍好后就放在那里，（根据需求售卖）。如果要好的木头嘛，比如10年的，就带（采购商）到仓库里去拿。基本上（存放）五六年的也可以用了。工艺美术厂他们有专门负责采购的人，（雕刻）师傅自己不一定选得好料，所以采购也是个技术活，要尽量选好的料，要是坏的多了，买回来报废率太高也不行。

黄杨木呢主要还是看它的出产地。国内出产地最好的就是在湖北（神农架）。而且最好是要山里出产的黄杨，如果是山下的"水黄杨"，它的纹路就比较粗了，不够细腻。山上的黄杨生长得比较慢，纹理就比较结实。我去挑黄杨木呢，基本上要挑（湖北）的料。前几年还能找到20厘米到30厘米的，现在料就小了，基本上十几厘米的也难找了。现在湖北料在国内蛮难买了。只有这个（产区的）料好雕，别的料雕出来差点细节，不够细腻。还有它的颜色（雕）出来就是金黄的，俗话说黄杨是木中象牙嘛，别的地方差一点的黄杨颜色就偏白，颜色不好，没有（湖北的）颜色好。而且它走形很少，变形系数小，它材料本身的稳定性好，因为树木长得越慢，稳定性越好；长得越快，稳定性越差。

随谈：街道挖掘的传承人

我原先住在（徐汇区）宾阳小区，这几年才搬到老沪闵路这边，所以一直对徐汇区比较熟悉。2011年9月，我看到《徐汇报》上有一个黄杨木雕培训班的招生简报，因为我在家也一直喜欢雕雕玩玩，所以9月30日我就去报名了。那时候应该是第一届，有五十几个人报名，人也不少。

当时上课就是陈华明老师，基本上大课，先是大家坐着听老师讲，比如海派黄杨木雕的历史和作品等等。初学呢，先学泥塑、泥雕。然后再教基本功，比如镂雕等海派黄杨木雕的技法。陈老师再慢慢地找一些简单点的（题材），让我们用木头雕。初学用到的木头就是桦木这类的，因为桦木松一点（好雕），如果用黄杨木就太浪费了，而且黄杨木雕起来很吃力，这个料很硬。

街道是给每个学员备了一套工具的。但是如果能自己做工具的话更好，像我呢就基本上是用自己的工具，因为买的工具我也不熟悉。我们有几个同学他们基础也都有一点，工具也是自己做的。这样上课基本是一周一次，持续了好几年。我们也不放暑假的，除非实在太热了，可能放几次假，一般我们都一直过去的。刚开始的时候人比较多的，过了两年以后人就少了，现在大概留下了二十几个同学吧。学习了一年左右，我就开始帮陈老师做助教，同学之间大家慢慢互相了解以后，有的地方我可以帮同学们示范一下，包括工具怎么做，怎么使用，用什么方法，我都教给他们的。

常俊杰与老师陈华明

我们做的第一件作品是小动物，也是临摹陈老师的作品。等我基础更好点以后，就开始自己创作，雕的时候有什么问题再请陈老师指导。我之前做平面雕的，碰到陈老师以后就开始做圆雕了，本来圆雕我也挺喜欢，就是（之前）没机会碰到好的老师。陈老师很热心的，他也觉得教我很省力的，一点就通。但我因为不是从正规学校出来的，不是美术专业的，也没学过画画，所以这方面比较欠缺。在我跟着陈老师学习了一两年之后呢，雕了第一件独立制作的作品，当时陈老师也还是鼓励我的，说（学了）一两年就能做出这样的作品（不容易）。但是又过了两年，陈老师就跟我说了几个问题，比如木雕人物的比例，衣纹的处理等等。那我也感觉到了，像老师们做的作品，衣纹看着很舒服，我这个看着就不舒服（比较死板），那么我自己回来就多看看美术方面的书，再研究一下人体比例，在这方面又重点学习了一下，慢慢地呢，人物雕刻的比例和结构就比之前好多了。

随谈：对社会传承和普及的思考

现在像我们长桥街道（保护单位），如果要搞下去的话，我认为要有一个窗口。开班以后，所有窗口都对外开放，学员的东西要有机会放在外面给大家看到，有可能的话，标价也可以。其实（即使标价、成交），算起来（学员的成本）肯定也不合算的，因为他们做的东西一个月也做不了几件（时间成本很高）。但是如果有人喜欢、买下来的话，学员的兴趣就高了，兴趣一高，

常俊杰的黄杨木雕群像

常俊杰"市井百态"黄杨木雕系列

就会继续去创作作品,就会接着做下去了。比如我现在卖掉一个,那么(买家说)哪里做得不好,会收到大家的反馈,那我就有精力去改进,会继续再做一个,越做越熟练,越做越好,这个技艺就提高上去了。至少你觉得有人认可你了,兴趣也就上来了。

现在木雕设计也方便的,电脑里面就可以做三维的设计。但真正制作起来,还是有过程的。要是运气不好,木头里边可能就会出问题了。而且像大件,艺术和工艺比较高的作品也没办法做量产,因为黄杨木雕(大的木料)很少,一般拿到好的木料,都不会考虑用机器做。像我弄到一块好木料,我也要想办法把它的价值做到最大化。所以这种就是单品,(孤品)它的价值就出来了,需要往收藏的方向去摸索。

作品回顾：《账房先生》

常俊杰：这件作品是《账房先生》，就是民国时期地主老财的账房先生。这件作品是（20）16年做的，学了四年以后做出来的。这件作品原来木头挺大了，要十三、四厘米（粗）了。（就是后面有一点黑心）雕刻当中你要预估到料子在哪里会不好，就把它留在反面。这个料本来就不错的，是湖北料里面的老料了，所以这件作品雕好已经六七年了，一点没有走形，也没有裂纹。

整个做的时间也不短，泥稿做造型调整了三四个月，真正雕好也用了一个月。我觉得（账房先生的）手型、面部的走向等等要体现出"刁钻"的感觉。我雕的思路是想反映账房先生的刁钻，和看到地主的卑躬屈膝。那么这个作品难度比较大的地方就是，眼睛的眼神和面部的角度，面部（头部）与身体之间的角度（不是一个方向，有一个角度），这个是有难度的。我也动了点脑筋，账房先生他的身体是有点扭曲的：一边打算盘，眼睛又是

常俊杰《账房先生》

看向了另外一个方向，（感觉）脑子里在想其他的事情；背又是驼着的，就有那种卑躬屈膝的感觉。

还有一个是他的手势，我也动了脑筋。手型呢，他给人的感觉好像有点不顺手的样子，但我也是想体现出他打算盘的手势，看起来是个非常精打细算的人。好像正在算计工友，要克扣工钱的感觉。（讽刺的）主题还是表现得比较到位的。脸上也没几两肉，刁钻的形象已经出来了。又势利，又精明的感觉。

这件作品捏泥稿的时候改动也很多，哪里不舒服的地方就去调整。像陈华明老师提出的衣纹的部分，我也改进了很多。现在看起来这个衣纹已经有飘逸的感觉了，比较自然了。所以这件作品我还是比较满意的，对民国时期的这种账房先生表现得还是比较淋漓尽致吧。

作品回顾：《上海白相人》

常俊杰：我做的这些民国时期的作品，其实就是想留住城市的记忆。记录一下民国时期的人情风味。这个《上海白相人》也是（民国风情的），是（20）19年做的。看起来作品比较大，但是取料还是纵向的。因为下面这块本来是树根，正好斜出来了（所以下半部体积比较大），我就正好利用了这个体积做了这个造型。

所谓"白相人"，就是看起来游手好闲，但是在社会上游荡，跟着巡捕做包打听，打听一些社会上的乱七八糟的事情（八卦、小道消息）。眼睛到处乱瞟，好事不做的，总归是找坏事做，看哪里可以去敲竹杠啊，

常俊杰《上海白相人》

或者哪里可以揩揩油咯，就是这样一类人。也是一个很有讽刺意味的人物。民国时期这种人也挺多的。这个作品的面部表情我做得还比较满意。

他手里拿着的鸟笼，我是分开做的，本身是可以连在一起做的，但是这样大的料就比较难找了。我这个作品正好是碰到树根的地方才能设计这么一个造型，再往上料就不够了。所以鸟笼是要单独做好再组装上去的。这样一个能省木料，也能少一点难度。这个料如果有这么大就很珍贵了，但如果单独连着雕一个鸟笼就太浪费了。黄杨木雕珍贵就珍贵在这里。像《白相人》这个作品可能就没办法再做第二件了，因为同样的料找不到了。所以是应料设计。

八、吴贵：缘聚海派黄杨木雕

现在我觉得做艺术这块，最主要就是一个设计造型能力，只要造型能力强，随便什么动态或者造型（都可以做），关键在构思。机器可以取代人工的地方是效率和准确度，但是设计和创意是相对难替代的，而我们的创意人才、造型人才是缺乏的。木雕它不光是技艺性的，还要有思想性，它是很多种因素组合形成的，（现在的环境里）光技艺好还不行，还要有构思能力，包括理论知识和艺术素养，这样才能创作出好的作品。

当代要出大师，艺术修养要求会更高。机械的精细度很多时候已经超过人手的精细度，光靠"手巧"没办法像以前一样赢得市场了。要达到一定的高度，成就一件好作品，构思创意和艺术修为都要具备，大的环境对作品的要求也高了。

吴贵

吴贵，1974年生于安徽铜陵。1997年师从中国工艺美术学会工艺设计分会会长韩国荣，系统接受东方美学理论、艺术创作法则。2010年成为紫砂雕塑家，并拜毛关福为师，学习海派黄杨木雕技艺和雕塑。现为职业雕塑家，国家一级/高级技师，上海市信息管理学校黄杨木雕班特聘讲师，"黄杨木雕"区级传承人。

吴贵访谈
随谈：辗转的木雕学艺之路

我出生在安徽铜陵。1974年，属虎的。1996年就来了上海，从17岁（1991年）就开始做木雕。我在小学的时候就对绘画、书法都很喜欢。大概在我三年级的时候，就写了字寄到中国青少年书法协会，当时在学校还是比较轰动的一件事。我初中毕业以后，去了江西学习雕刻，因为有一个堂哥在江西柘林雕刻工艺品厂工作，是专门做参加广交会的木雕，主要是樟木。我去的是江西余江雕刻厂，（20世纪）80年代也是创外汇的。当时厂里有一百多人，一楼是雕刻车间，二楼是彩绘车间。我们做好的木雕，打磨过后，就有小姑娘在（木雕）上面上颜色。厂里是有设计室的，分了设计一室，设计二室，主要是设计动态的动物，还有拐杖什么的，设计好过后就发到车间做。

比如我做的奔跑的兔子，厂里先用机器做出大的型以后，就放在一个很大的水泥池子里煮，各种各样锯好粗坯的樟木料全部放在水里煮，猫啊，狗啊，狮子，老虎什么的都有。煮了几天几夜以后，池子里的水都烧黑了，我们再拿着车间开的单子，去找烧锅炉的师傅（领货）。师傅就从池子里把料给你挑出来。这样煮了以后，樟木里面没有那么干了，下刀的时候很爽利，很好雕；而且木料不容易变形，稳定性好，外贸的产品（质量要把关好）。做好以后车间再验收，合格了，就在底下敲个章；如果报废了，这个木头的钱要从工钱里扣掉的。

那时候是计件制的，做一个好像有两块钱，一个月只有几十块钱吧。进工厂的时候（我们）先跟在一个师傅后面学，学了半年就要考试，合格以后才正式成为技术工人，进行独立操作。我记得当时考了第三名，一起的还有十几个本地的学生。结果到了第二年，广交会业务不是很好了，工厂订单少了，我就回家了。

那时候我姐姐和姐夫在常州、江阴那边工作，就把我推荐给了那里的一家家具厂去做家具雕刻，所以我转年去了江阴做家具木雕。那个地方叫申港镇，在常州和江阴中间，苏南地区，属于无锡的。我去了之后，也跟了一个师傅，名字现在还记得，叫孙战先。我大概是（19）92年过去的，在那边做了两年。那两年里我吃了非常多的苦，那一段时光我至今记忆深刻。孙师傅是苏北人，泰州靖江的，手艺非常好，他是我做家具木雕的师傅。

我们是在申港镇上一个供销社的老房子里工作，每天早上5点就要起来，先把门板卸下来，那时候还是那种有编号的老式门板。从早上五点开始一直要做12个小时不止。孙师傅非常严格，（因为是）过去传统的师徒，（做得不好）是要被打头的。每天工作的时间太长了，我坐得腿都肿了。夏天蚊子很多，腿上被叮得密密麻麻都是包。一年四季、春夏秋冬，每天都是这样工作。晚上还要开夜工，加班到十一二点，稍微加点餐，结束以后洗脸睡觉，第二天继续，每天都是这样，没有休息日。

只有每年有庙会的时候，当地叫"做节"，大概是四五月份的时候，有三天的时间，可以去赶庙会。无锡

吴贵进行雕刻

下面每个镇都要做节，路边还有耍猴的，演杂技的，唱戏的，很热闹，还有卖东西的（集市），各种各样的东西都有。只有那个时候师傅准我们出去玩一玩，其他就没有节假日了。那时候我也很刻苦，别人要两年才能学成，我一年就达到了。师傅要求都是定量的（必须完成），每天都是高度紧张，上厕所都要小跑。其他年轻人根本做不下来，跟坐牢差不多了。

不过我也确实学到了真本事，当我离开的时候，真的深深地呼了一口气，我跟师傅说，我终于可以离开了！整整两年的时间，工作强度非常非常大，师傅也觉得我非常不容易，（所以也愿意教我）。我记得外面冬天下大雪的时候，师傅在画纹样，太师椅、八仙桌上面的纹样，他（一般）是不给别人看的，只是教徒弟干活，让你拉弓啊，打坯啊，修光啊，但是他会给我看他画的纹样，（还是认可我的）。离开的时候，师傅给了我3000块钱，我带回家，父母都不敢想象！90年代的3000块钱是很值钱的，当时都只有10块钱的纸币，50块都没有（很少见）。拿回家鼓鼓的一大包，平时也没什么开销的，吃饭都在师傅那里吃的。

后来我去了昆山，在金龙家具厂（干过），又辗转到了常熟王市。常熟做红木的很多，都是上海这批（工艺美术）人才带出去的，全国各地，长三角等等，所以在那段时间，上海是非常了不起的。常熟很多镇上做红木，特别是（20世纪）八九十年代，有很多小作坊，雨后春笋一样的。都是上海工艺美校的老前辈，大概是

吴贵和老师毛关福

65届的,他们把技术带过去的。之后我就开始(自己)做木雕,常熟、昆山(都跑),(19)96年就来上海了。不过那时候做木雕,不是海派的立体雕,而是实用性的平雕、浮雕,用在建筑上、家具上的雕花装饰。我当时就在吴家巷那里做生意,(闵行区)吴宝路、沪青平公路(一带),那时候虹桥机场还没造新机场,高铁也还没造,我就在那里了。当时那边有很多工厂,我就给人家加工(家具),主要就是建筑构件和家具上的雕花。那时手下也带了十几个雕刻师傅,江苏苏北来的比较多。

十多年以后,我在做一次工程的时候,遇到了毛关福老师,我黄杨木雕和雕塑的老师。2007年,那时我已经有了自己的家具厂,在佘山(别墅区)做一个项目,需要做一个壁炉,上面有一些欧式风格的人物,小男孩、小女孩、小天使什么的,需要做立体的,做传统工艺的师傅做不了,比例做出来不对,我去东阳、温州问过很多师傅,因为各种原因,都没法完成。找来找去,最后我的一位老师,韩国荣①韩老师,把他的同学毛关福老师介绍给了我,最终合作把这个项目完成。

再后来,工厂经营得不好,倒闭了。我把厂子关掉,

①韩国荣,1968年毕业于上海市工艺美术学校。中国高级工艺美术师,上海市工艺美术大师。长期从事古典家具和东方园林的设计与研究,历任中国工艺美术学会工艺设计分会会长、中国轻工业信息中心东方美学研究院院长、解放日报《艺术家具》专版主持。

吴贵在上海市信息管理学校教授黄杨木雕

离开了上海。半年之后再回来，我就跟毛老师说要跟他学雕塑。那时候我已经快40岁了，毛老师说这个年纪再学（有点吃力了），还有家庭负担，到这里学雕塑是没有钱的。但是因为有之前的合作，和韩老师的推荐，毛老师最后还是答应了，本来那个时候他已经不带学生了。正好（20）11年的时候，徐汇区开始培养黄杨木雕传承人，毛老师就让我黄杨木雕一起学。我有木雕基础，学起来比较快。

所以我就跟着毛老师做了几件黄杨木雕作品，感觉还可以。后来就代表上海去参加了一些非遗的活动，像成都（国际非物质文化遗产节），山东济南（非遗博览会）等等。（20）18年徐汇区（组织）的黄杨木雕（兴趣）班让我去上课了，开在蒲汇塘路99号，上海信息管理学校，老早叫董恒甫高级中学，就在土山湾博物馆旁边，我今年在那边已经第四年了。每周一次课，下午半天时间。班里选10个学生来上课，需要有一点美术基础的，自己也比较喜欢木雕的。他们学校有好几个非遗项目，包括文物修复，篆刻，还有海派黄杨木雕。我上的这个应该是选修课，但是学生三年里必须持续地来上课，也要出作品的。

随谈：对海派风格的理解

海派黄杨木雕的创始人是徐宝庆老师，他是20世纪二三十年代的人，徐老师有他自己的特殊性，当时他在孤儿院，接触了很多国外的雕塑家，包括很多工艺美术家，这让徐老师在年轻的时候在艺术方面就扎下了很深的根基。那么在徐老师那个年代，我们中国的木雕主要还是传统的，比较多的是传统题材和宗教题材，观音啊，钟馗啊，传统人物比较多。还有就是典故、民俗，这一类题材比较广泛。技法上也还是师傅带徒弟式的，一代代这么传承下来的。但上海那时候已经走在前面了，包括它的题材也不一样了。那时候徐老师就已经贴近生活了，做小朋友相关的题材，包括儿童游戏一类的。毛关福老师也是受徐老师的影响，做了踢毽子、打弹子、滚铁环等这些作品。这些贴近生活的题材我觉得开创了一个新的方向。相比其他地区的传统木雕题材，徐老师开创了一个特色。

再到后来我们毛老师那一代，黄杨木雕班专门开设了专业的美术课，包括绘画、泥塑，也有传统技艺的教授，甚至后来毛老师还带队去温州乐清的木雕厂里去体验工厂里面老前辈的传统技法，这应该是现代与传统的结合吧。我听毛老师讲过，以前浙江的高公博老师，他们现在都是大师了，但是以前看到上海的学员这样的学习方式，他们非常羡慕的。当时上海走得非常前沿，都是红色题材、宏大题材，作品里面很多人啊，群雕，题材很前沿，技艺上也打破了传统的技艺，有时候会把"毛

（糙）"与"光（滑）"进行对比，结合起来，有的就不打磨。以前传统的方式，肯定都是要打磨（光滑）的，要修光，但是上海那时候的作品已经不完全这么做了。

他们把雕塑的表现手法和技法都放进来了，大胆地结合起来了。这样一处理之后，这就是美学作品了。它的处理和构图都不一样了，以前传统的构图它没有那么大胆，后来毛老师他们的这些作品，比如三角形构图，这个构图理念也不一样了，更加艺术化了。包括将中国古代绘画里面的构图，与黄杨木雕结合起来。把西方的技法就融入中国传统的技艺当中去了，这是上海的海派黄杨木雕很重要的一个特色。那时候真是一个高峰！我看到刘巽发早期的作品《牧马人》，现在看起来都非常有劲道，很震撼。但是现在上海再要做这块就很难，一是做起来辛苦，二是收益也不一定能保证，制作周期也比较长，还要耐得住性子，最主要还要喜欢，能坚持，你要爱好你才能走下去。

吴贵制作黄杨木作品

随谈：关于创作与价值的思考

我觉得如果生活上能够保障，很多人还是愿意一直搞创作的，作品也可以不断地出来，没有后顾之忧。我们这一档算是有技艺的，再下面就是普通的工人、工匠，我们比他们工资（应该）稍微高一点。比如做一件作品需要一个月，按照一天800到1000块算吧，像这种（非遗传承人）级别的，差不多（要这个价格），那么一件作品3万块钱左右，还是有老板愿意出的，甚至还略微高一点。基本上还是按照工时（支付），但是（这样算下来）月薪比较高。

有这个标准他们才有动力去做，这个价格也比较合理，不然现在一个最普通的做家具的木工也有500块一天的工资，做木雕的手艺人，技能还是比木工要稍微高一点的。现在水泥匠，也都要500块了，不可能比他们低的，要比他们稍微高一点，对吧。

而且现在收藏的这块，他们对艺术的要求也很高了，倒逼创作人员，因为他们有时候可能比你懂得更多，你在这时候只能拿出更好的作品。把过去普通的作品拿出来，你可能就很难生存，没有市场了。倒逼着让你的整体修养要上去。

吴贵《有蛋吃了》

作品回顾：《有蛋吃了》

吴贵：这件是最早做的一个作品，大概是（20）16年做的，叫《有蛋吃了》。表现的就是20世纪六七十年代，那个物资匮乏的年代，这个小姑娘看到这么多蛋，太开心了！这个是一个中部地区的小女孩，当时我们内地经济还是欠发达的。小女孩她衣服很厚，动态也比较（有曲线），后面的处理就虚掉了。她的服饰也是传统中国的服饰，你看这小女孩啊，篮子里装满了老母鸡下的蛋，她就在思考，又吃惊又开心。

造型还是比较有海派风格的影子了，当时拿给毛老师看的时候，毛老师也说，吴贵，你看你自己的作品，有海派的影子，但你也有自己的风格。包括我做的《渔家姑娘》，都是穿着江南风格的土布衣服，有传统的风格，因为我是出生在那个年代，这些作品就有那个时代的烙印，也是贴近生活的。

而且我们上海的风格就是要透，玲珑剔透。毛老师一直讲的，要体现出这个玲珑。有的地方如果你不掏空，就闷掉了，传统的处理虚掉就可以的，但是上海的处理要精巧、精致，小巧玲珑。（镂雕）是各个方向、各个层次的。一看就劲道，一看很到位的，这个脚在什么位置，都是很准确的。但是因为我做的作品数量还比较少（还不够熟练），现在再看看还是有问题的，还有不到位的地方。

吴贵《全家备考》

作品回顾：《全家备考》

吴贵：《全家备考》这个作品，泥稿做了大概10天，完全雕好可能一两个月。我一开始设想的是两姐妹坐在那里看书，但是跟毛老师聊了以后，毛老师说可以再增加几个人，突出层次。后来我捏泥稿的时候，就增加到四个人。这件作品毛老师对我还是比较认可的，因为这就是我小时候的生活。

我家里兄弟姐妹四个，我是老三，上面有一个姐姐、一个哥哥，下面还有一个妹妹。这件作品的场景就是我的童年，所以我印象很深。全家备考嘛，兄弟姐妹都在准备考试。（左边）姐姐正在看书，哥哥在后面看着（监督），姐姐就问"这些你都背得出吗？要么你背背看！"（兄妹之间的打趣）。那时候我（左三）刚打球回来，看到他们都在备考，受到这个氛围的影响，我也赶紧跑过去，放下球，加入"备考"行列了。（右下角）这只小狗本来是没有的，毛老师建议说可以多加一只小狗，有点生活乐趣，更贴近生活。

构图上我也问过毛老师，他觉得这个（人物从高至低）斜着分布也挺好的，中间的穿插也比较复杂，四个人物的姿势也不一样。一下能做四个人的构图，内距、层次非常多，人物之间还有互动，他也很惊叹。难度还是比较高的。四个人物加上一只狗，腿和腿之间的缝隙，其实不太容易进去，（不是直线贯通的，）

刀容易被挡住，不好挖。这个时候毛老师也跟我讲，如果正面进不去，就想想从后面，或者其他的角度伸进去，各个方向去想办法。这些内距的孔，一开始不能挖太大，只能一点一点地进，因为是360度（观赏的），做的时候也不要盯着一个面来做，各个角度都要去尝试，不要做死掉。不能一条直线穿过去的。有一点小孔以后，要慢慢地推进，不能只在一个方向去推进。比如一开始这条腿做得有点粗，没关系的，后面还可以调整，360度多维地观察和调整，死盯这一个地方做，后面就麻烦了。

我们以前做平雕、传统的镂雕，都没有这么复杂，那些是有纹样贴在上面的，一个方向打下去就行了，但是海派黄杨木雕空间感很强，即使画了线上去也没用，凿掉就没有了，是需要多维度观察的。我们做雕塑也是的，要左看看右看看，上下左右都要打量，一定是全方位地观察的，脑子里必须要有多维的概念。

刚雕好我就拿给毛老师看过，毛老师就说，吴贵，这些地方你还可以推进，还可以精细一点，所以我又推进了一点。看到哪里不舒服的，比如脚的位置不太准的，又修改了一下。这个作品呢，你今天做好了，觉得还不错，明天拿出来可能又觉得不对了，不要一下就把它固定化。有时候做得没有灵感了，我就放一放，之后再拿起来看看，不要像为了完成任务一样去做这个作品。

第三章 传承：魅力重现

海派黄杨木雕作为上海地区独具特色的工艺美术种类和国家级非遗项目，自形成以来，在过去的近百年间经历了起伏跌宕的岁月。海派黄杨木雕具有明显的中西融合的艺术风格：西方雕塑的严谨精准，江南木雕的精巧灵气，在黄杨木这类珍贵木材上得到了技法与艺术的最佳发挥。加上一代代上海黄杨木雕从业者的探索、创新，形成了区别于传统木雕工艺美术的独树一帜的特色：或鲜活的人物形象，或写实的主题场景，或新颖的群像构图，或大胆的动态造型，都充满着令人动容的人文气息。

尽管经历了20世纪90年代的落寞与踯躅：由于对品质的坚持，费时费工的海派黄杨木雕在改革开放初期开始陷入低迷，市场萎缩，专业人才流失，昔日的光环日渐尘封……但进入2000年以来，随着传统文化、优秀民间手工技艺重新获得重视，以及"非物质文化遗产"概念的逐渐清晰和与国际社会文化遗产保护观念的接轨，众多困境中的优秀传统文化资源重新受到了关注，上海黄杨木雕也在2008年入选第二批国家级非物质文化遗产名录（民间美术类－黄杨木雕－拓展项目）。在相关指导意见、法规和政策的支持下，在专业院校和政府资源的介入下，海派黄杨木雕再次从蛰伏中苏醒，逐渐开启了回归的道路。

在本章里，我们将与黄杨木雕保护单位和专业院校的相关人员对话，从一些小切口去关注海派黄杨木雕当代发展环境的新变化，也共同探讨在新时代文化、科技与媒体传播都有长足发展的背景下，海派黄杨木雕如何转换过去的劣势，在新时代重现光彩。

一、政府力量介入，助推社会传播

2003年10月，联合国教科文组织通过《保护非物质文化遗产公约》，将民间口头创作、民俗文化以及传统民间艺术等纳入"非物质文化遗产"保护范畴。2004年8月，全国人大常委会第十一次会议通过了关于批准中国政府加入联合国教科文组织《保护非物质文化遗产公约》的决定。2005年3月，国务院办公厅下发《关于加强我国非物质文化遗产保护工作的意见》，这是我国发布的第一个使用"非物质文化遗产"概念的专门保护文件。与此同时，2004年4月8日，文化部与财政部联合下发了《关于实施中国民族民间文化保护工程的通知》，并印发附件《中国民族民间文化保护工程实施方案》。海派黄杨木雕也在各方关注与支持下，入列2007年上海市首批非物质文化遗产名录，并在2008年入选第二批国家级非物质文化遗产名录。

在"非物质文化遗产"概念开始普及的前期，众多刚走出困局的非遗项目得以休养生息。但要恢复活力，重新服务社会，创造更大价值，还需要一个阶段的培育和滋养，在"保护为主，抢救第一，合理利用，传承发展"的思路下，相关部门调动各方资源，为当时众多岌岌可危的非遗项目提供了财力与物力上的支持，逐步取得了可喜的成果。上海黄杨木雕也在项目保护单位徐汇区长桥街道的支持下，走向了保护、传承、传播、发展的新道路，尤其在宣传推广、社会传承、非遗进社区、非遗进校园等方面取得了很好的成绩。

编者：作为保护单位，长桥街道是怎样理解海派黄杨木雕的保护与传承的？至今已经形成了哪些固定的活动和成果？

　　胡寅蛟（长桥街道党群服务中心党支部书记、社区文化活动中心负责人）：我们长桥街道始终秉承"政府主导、社会参与、群众受益"的原则，通过整合政府、社会和专家等各方力量，形成了政府提供、创建平台，民间自我管理和尊重传统的长桥管理模式。

　　我们从 2008 年接触黄杨木雕的时候，就开始每年提供 10 万元的非遗专项资金，比国家专项补贴和市级专项补贴还要早。这笔费用是专门用作非遗保护的，比如海派黄杨木雕技法的整理、资料的采集和相关人员访谈等等。

　　最早我们街道的非遗项目还没有形成体系，但后面逐渐有了"清和拾遗"这个品牌，主要包括江南丝竹和黄杨木雕两个非遗项目，逐渐形成了一条比较完整的链条。如开设非遗培训班，搭建展览展示平台，以及在重大节庆期间，结合我们社区的活动对非遗项目进行宣传等等。

　　我们常规的线下活动一般是一年两到三次，以非遗集市和专题展览为主，时间集中在我们的文化遗产日[①]及春节—元宵节期间，或者中秋—国庆节期间。线下活动，我们有黄杨木雕的宣传与展示，传承人会在活动现场向居民们讲解和展示黄杨木雕的雕刻技法、步骤和相关作品；展览一般是一年一次，我们会在社区布置黄杨木雕的专题展览，展示我们传承人和学员的作品，一般有二三十件，最多的时候有四十件左右。近两年我们还

---

①文化遗产日：全称为文化和自然遗产日，是每年 6 月的第二个星期六，从 2006 年起设立。这里的"文化遗产"包括物质文化遗产和非物质文化遗产。文化遗产日的设立，是为了营造保护文化遗产的良好氛围，提高人民群众对保护文化遗产的认识，动员全社会共同参与、关注和保护文化遗产，增强全社会的文化遗产保护意识。

陈华明在长桥街道参加黄杨木雕展览活动

开设了线上宣传渠道，主要以微信推送为主。

编者： 再请您介绍一下街道开设的黄杨木雕培训班。

胡寅蛟： 我们针对成人，开设了一个黄杨木雕培训班，全年开放。针对小朋友，也会在寒暑假开放专题的培训。但是考虑到小朋友有的年纪太小用刀不太安全，我们就和传承人商量以造型讲解和海派黄杨木雕的基础内容为主来授课。

最早的黄杨木雕培训班，传承教学工作主要是依托市级传承人陈华明，常规课程是一周一次，很多学员自己回家还会继续练习和雕刻。当时招生有四十几个学员，就分了两个班上课。后来我们文化活动中心装修，但我们也想了各种办法找了一间教室给学员们上课，只是由于条件限制两个班合并为了一个班。等到两年之后文化活动中心装修结束，我们又恢复了培训班，这时候的学员就固定在20个人左右了。虽然我们又重新招募过一批，但是这一批学员由于各种原因，人数就不太稳定了。

每一届的培训班结业前，我们都会有一个师生作品展。形式主要是展出老师的一部分作品和我们学员的作品。展出分了几块内容：泥塑作品和成品。泥塑就是专

传承人陈华明在长桥街道授课

做泥坯的，因为有的学员刚开始雕刻手上不熟练，损耗比较大，雕的东西不太好或者不完整来不及做，我们就以泥坯为主（先练习塑形），所以会展出一部分泥稿。还有一部分就是雕刻的成品。每一期的师生展我们也会以微信推送，将展出作品的照片放在线上。但也因为条件有限，主要还是以图文的方式微信推送，还没有办法做成线上展厅的形式，那样对专业力量的要求会比较高。

当时我们开设成人培训班，只是想第一步先把有兴趣的人聚集起来，让这个项目至少不要断档，有人能够喜欢它，想去学习它。没想到在第一批学员里有本来就有基础的，他们也愿意花时间花精力在里面。说起来，区级传承人常俊杰是我们黄杨木雕保护传承工作中最大的一个成果，我们也没有想到会从这里面挖掘出一位区级传承人。其实老一批的学员里，有好几位做的东西都还可以的。只是因为年龄的问题，没有报传承人。常俊杰当时还比较年轻，做的东西也不错，我们希望他能够坚持下去。

现在我们的老学员也依旧在参加黄杨木雕的培训课程，但他们会多一个身份，就是助教，辅助新学员，并协助老师做一些讲解工作。包括我们后来开的青年班也是一样的，我们老一批学员也来的，以老带新。现在随着我们两位比较年轻的区级传承人常俊杰、吴贵的加入，我们也希望他们可以开班授课，带学生，做好传承工作，再有就是结合我们街道自己的活动做一些展示。包括我们现在的培训班，我们也在设想能否让区级传承人来负责初级班，陈华明老师就可以执教进阶班，这样他教起来也轻松一点，只需要把技法、造型的要点跟学员拎一拎。像最基础的从锯木头开始的工作，我们的区级传承人和老学员可以一起来带一带。

编者：<u>街道作为保护单位，与专业单位的区别在哪里？</u>

胡寅蛟：首先，街道作为保护单位，黄杨木雕保护工作的性质肯定和专业院校是有所不同的，也是互相补充的。街道这边，专业性不够强，更多注重的是黄杨木雕的传播和传播渠道的搭建。而专业院校的职责，是培养专业性人才，走钻研和发展技艺的道路。我们更主要的工作是让更多的人了解、体验海派黄杨木雕，并喜欢上这个项目。我们对于项目以后的生存环境和土壤，还是可以提供一定的帮助的。比如从社区层面，我们做的推广活动和相应的培训班招募，面对的就是居民，这样受众就会发生从一到一百的变化，受众面相对扩大。正常高校或者职业学校里面可能面对几十个，最多几百个学生，但我们这边面对的是几十万的居民，从量上来看，（影响力）会有一个扩大。

当然同时，我们也希望和专业院校、单位有进一步的合作和交流。像工艺美术研究所，因为它是对外开放可以参观的，可以提供一些参观的内容（和一些主题性的参观活动）。我们就在设想，街道这边黄杨木雕基础班的学员能否去工艺美术研究所做学习交流，学员去那边参观学习（黄杨木雕的经典作品等），是否可以再邀请传承人或者大师对学员进行指导和讲解。就像去美术

传承人常俊杰为参观学生讲解黄杨木雕

馆、艺术馆一样，学员可以去研究所看看大师的作品，看看他们的造型、他们的雕刻技法等等。

再比如工艺美术职业学院，如果我们有一些符合条件的学员，是否可以推荐到学院"大师班"去进修。当然编外人员不可能和学生一样的身份去学习，但是希望可以有一些进修的合作。我们街道这边毕竟是普及类课程，一个老师带一批学生，虽然教学空间足够，但是专业工具还是缺乏，一对多的教学方式（要出成果）肯定不现实。如果我们街道的学员甚至是传承人，可以进到专业学院进行"小班"培养，我们也在设想能否有这样的机制。比如我们的区级传承人，把他们推送到职业学院去专业进修，毕竟那边有更好的硬件设备，传承人可以更轻松地完成后续的创作。进修以后如果可以创作出一些新的好作品，我们再把他们往市级传承人去申报，这样可以把传承人的面扩大（这是针对黄杨木雕代表性传承人匮乏的情况）。从社区来讲，我们这边要做的就是项目的普及和传承人的培养，然后他们高校的任务是传承人的进阶。

总而言之，不论工艺美术职业学院还是工艺美术研究所，他们对于我们来说都是专业力量，其实也是我们需要保护的主体，因为这个项目本身的核心技法与内容，是要通过专业人才去传承和保护的。甚至我们政府去协助他们来保护我们海派黄杨木雕这个项目。我们提供资源、土壤、硬件条件等等，协助他们这些个体或者群体，去把黄杨木雕的内容、技法等等保护传承发展下去。

已故大师侯志飞生前为学生讲解黄杨木雕技艺

传承人陈华明在中学讲授黄杨木雕技艺

二、黄杨木雕大师班，保障人才培养

海派黄杨木雕，作为专业要求颇高的工艺美术项目，适合以小范围全面系统的教学方式培养传承人。20世纪60年代，上海工艺美术学校开设黄杨木雕专业，专业师资力量雄厚，培养了一大批具有较高综合素养的工艺美术人才，是新中国成立后上海工艺美术人才的摇篮。进入21世纪，上海市工艺美术学校与上海第二轻工业职工大学合并，联合组建上海工艺美术职业学院，培养能够运用多种技能的复合型人才和非物质文化遗产手工技艺和民间美术类新生代传承人群体。

在新时代政策的召唤下，过去上海工艺美校黄杨木雕班的师生也重回校园，薪火相传，将熟悉的技艺再一次传授给青年一代。闻志高，作为第四代"3+2"大师班教育工作者，曾经的黄杨木雕培训班70届学员，接过老师侯志飞的刻刀，继续执教在黄杨木雕大师班的课堂上。面对世纪交替，与黄杨木雕的再次重逢，他感慨万千：

2013年，上海工艺美术职业学院为传承海派黄杨

侯志飞夫妇（中间）在工艺美术职业学校与学生的合影，左一为闻志高

木雕项目，改善上海黄杨木雕在行业中出现的断层后继无人的状况，特邀请了80岁高龄的侯志飞老师出山重挑海派黄杨木雕的传承重任，侯老和夫人商量后热情地接受了。2014年春，我有幸成为了侯老的助手，一起进入工艺美院研究中心木雕大师班，分担一些基础工作。几年中侯老不辞辛劳传教了二十多名学员，并重点培养了两名留校的优秀学员。2017年侯老突患疾病不幸离世，走完了他六十余年的黄杨木雕艺术生涯。木雕大师班失去了支柱，传承的重任落在我的肩上。当年侯老带领我走进木雕大师班，也是希望有一天我能接过他的接力棒，而此刻来得太突然我毫无准备。90年代以来我另择他路自谋生路，离开专业多年，错过了很多进取、发展和收获的机遇，面对传承的职责我腹中空虚心存羞涩。但领导的信任和学员的选择，还有当年黄杨木雕班师生们的一致支持，坚定了我继续传承黄杨木雕的信心。

上海工艺美院研究中心自2014年开设的黄杨木雕（3+1、3+2）大师班，学员是从学院应届毕业生中选取，学生自愿报名，择优录取，在三年基础学习完成以后可以选修一或两年的黄杨木雕专业课。每年有3至5名学员入选木雕大师班，当年学习优异的学员可再申请"3+2"继续第二年的学习。毕业后留校继续学习，这在大专高校中是首创，也得到了有关部门与行业领导的肯定。黄杨木雕大师班的授课以实践操作为主，学员在校经过三年各专业的学习后，已经掌握了美术方面的各项基础，但针对黄杨木雕还需要加强对人体雕塑基础的训练。（至

侯志飞生前在黄杨木雕大师班的授课现场

今）黄杨木雕大师班传承已经9届，学员达三十余人，在历届学员中涌现出多名优秀者，遍布全国各个省市。

在艺术理念和技艺精髓的传授上，上海黄杨木雕的海派风格源于雕塑理念的缩小版，是经过工艺细化后产生的中小型木雕艺术摆件。在题材上，上海黄杨木雕多以塑造当代社会人文精神面貌为主，又以平凡民众的生活、各行各业的从业者为主角，每一件作品都有与当下社会的呼应与共鸣。常见的作品造型多为现代人物，与传统木雕的古装形象作品有着明显不同。海派黄杨木雕一贯依照雕塑美学、人体解剖学的主旨进行创作，多以表现现代写实的民众百态作品为主。

在大师班教学中，学员首先画出创作题材的二维图稿，经过反复推敲修改后，用泥塑把二维图稿塑造成圆雕造型，再在雕塑过程中进一步完善创作构思。从二维到三维是一个很大的概念跨度；再从泥塑到雕刻制作又是一个很大的概念跨度。在泥塑稿定型前可以随心所欲地进行"加"或"减"的改动，而所有雕刻工艺只有单纯的物理"减法",用刀具削去或者切割后无法撤销,是不可逆的过程。所以黄杨木雕的制作过程,会让学员了解并掌握从外向内"逆向减法"的工艺塑造手法。

上海黄杨木雕初期制作同样有打坯过程,也因作品结构需求后期会采用自制的小型钢丝刀,如同素描手法一样,一笔一笔的刀法由浅入深逐步去除主体上多余的材料。海派黄杨木雕创始人徐宝庆在早年摸索中自行设计制作了一套符合上海黄杨木雕工艺技法的刀具,利用弹簧钢丝自行锻造、打磨、淬火和自制刀柄,而独创的小型"笔握"与"拳握"式雕刻刀具(平口刀、斜口刀、月剜刀、圆口刀等异形刀),如今锻造、打磨、淬火也成为传承教学中的必修课。所有各地不同风格的雕刻刀具在线上线下都可以买到现成产品,也因为传统锻造的刀具相对长而粗大,制作短线条和群雕多孔作品时,无法控制刀具切削功能,所以唯独上海黄杨木雕的专用刀具必须自制。

黄杨木雕大师班雕塑课现场

海派黄杨木雕流失了数十载的年华,在回归工艺美术殿堂的台阶上,终于迈开了重启的一步,但黄杨木雕的继承、传承事业依然任重道远。现在学院有这样好的条件,使得新鲜血液加入传承队伍,缓解了上海黄杨木雕后继无人的困境,但是如何振兴、发展海派黄杨木雕,是要交给新一代年轻人去探索的了。

三、新时代数字经济背景下，对传承及转化的思考

进入 2023 年，距离"非物质文化遗产"概念的提出已经 20 年了。我国非遗保护、传承、利用取得了突出成绩。特别是党的十八大以来，大力推动优秀非物质文化遗产创造性转化、创新性发展，逐渐找到了非遗与现代生活的连接点，非遗在新兴文化消费中日渐活跃，在满足大众美好生活需求和促进经济社会高质量发展的作用日益凸显。2017 年 1 月，中共中央办公厅、国务院办公厅印发《关于实施中华优秀传统文化传承发展工程的意见》，其中特别强调"坚持创造性转化和创新性发展。……把中华优秀传统文化内涵更好更多地融入生产生活各方面"。党的十九大报告中也再次强调"推动中华优秀传统文化创造性转化、创新性发展"。2021 年 5 月，文化和旅游部印发《"十四五"非物质文化遗产保护规划》，提出"尊重非遗基本文化内涵，弘扬非遗当代价值，推动非遗在人民群众的当代实践中实现创造性转化、创新性发展，不断增强非遗的生命力"。随着数字技术、新媒体等文化产业发展新驱动力的日益成熟，传统文化及非物质文化遗产的内涵价值将得到更大的凸显，也将在与各领域的融合中创造更多元的价值。

作为非遗传统美术类的海派黄杨木雕，也属于工艺美术范畴，指的是手工制作的艺术品，包含了"工"（技法）和"艺"（艺术审美）两个范畴，这说明它兼具实用功能和审美功能，而海派黄杨木雕的审美艺术功能比

重更大。面对新时代数字技术、传播方式和渠道的突飞猛进，海派黄杨木雕的传播途径、呈现手段，甚至产品形式和销售方式也或将迎来难以预计的转变，过去因为技艺精湛难以量产而止步发展的困境或许能够在当下得到突破。但同时，随着文化产品越发丰富，大众对优质文化内容的要求越来越高，文化消费市场越发细分，海派黄杨木雕能否在保护传承核心技艺、文化根脉的基础上，创造性转化更深层次的内涵与价值，还有很多地方需要深入探究。

<u>编者：在当下的保护传承中，保护单位主要思考的问题是什么？工作中的难点和困惑是什么？</u>

胡寅蛟：第一个困惑，从我们的理解来说，非遗技艺很多本来是起源于民间，从民间发展出来的，但是现在有很多民间个体都已经不从事这些工作了，那对保护单位去挖掘、寻找、培养传承人就增加了难度。原因是什么？可能还是因为时代发展的节奏太快了，人们都没有时间去考虑、关注这些民间手工艺了。也因为在过去我们大多强调科教兴国，注重科学与技术的发展，这与"非遗"注重手工艺、匠人精神、传统的人文情怀等概念有很大的差别，当然这只是阶段性的。现在随着国家综合实力的提升，我们更多地开始讲软实力了，不再仅仅关注理工、科技等"硬实力"的方面，而是更加注重文化自信、文化软实力，这对我们的基层工作也有更好的支撑。像2017年提出的《中国传统工艺振兴计划》等相关意见和政策，就能让我们的工作更有理有据，有

抓手。

第二点就是在实际宣传推广的时候，如何把握项目核心的问题。因为我们主要是面向社区进行推广和宣传，但其实黄杨木雕是很小众的东西，在面向大众宣传的时候，可能会涉及如何取舍，怎样吸引更多人关注，又不会丧失黄杨木雕比较核心的魅力。这个工作光通过我们自己是无法做到的，需要专业团队和专家的介入，否则很容易产生扭曲，和对核心内容的消解。比如我们在给孩子们做黄杨木雕培训的时候，大多数情况只能是通过泥塑的形式去给他们介绍，但这样的形式会让他们以为黄杨木雕就是捏橡皮泥，这和黄杨木雕的本质就发生了很大的偏差。这是在宣传推广的时候容易发生的问题，我们自己很难去把握这个度。如果太多专业术语，可能大家听不懂；如果太浅表化，又可能失去黄杨木雕最根本的部分。

我认为，即使从宣传和普及的角度，海派黄杨木雕一些核心的东西也不能舍弃。比如"海派"的题材核心。我们的"海派"就在于它除了关注传统的东西，还关注我们日常的生活，这个是它比较精髓的东西，不能丢掉。第二点，就是一些（造型、表现上的）技法。传统木雕造型基本都是静态的，动作比较简单，幅度也比较小，但是我们海派黄杨木雕有非常动态的造型，有大幅度的动作，这是明显区别于传统木雕的。但这些内容在宣传当中也很有局限，在剖析海派黄杨木雕的艺术特色时也很有难度。所以如何去介绍海派黄杨木雕与其他木雕的

历届进博会上"上海非遗客厅"里的黄杨木雕引得游人驻足

差别,从选题、造型、技术、意境、立意各个方面,怎样去分析作品,不光是简单介绍雕刻手法,这还是需要借助专业团队的力量,更深入地研究和输出,才能进一步展现出海派黄杨木雕的本质。

第三点就是人才的匮乏。说实话我们现在比较缺的还是人,因为我们现在新一代的传承人有点接不上,市级传承人现在目前就陈华明老师还在岗位上的,但几年之后肯定还需要其他传承人顶上的。所以对区级传承人,我们也希望他们能够加入到传承教学的工作当中。

<u>编者:基于传统文化创造性转化,创新性发展的主旨,保护单位对于黄杨木雕的未来保护与发展有哪些设想?</u>

胡寅蛟:未来我们可能会计划做一些衍生品,一些文创的内容,作为伴手礼,让我们黄杨木雕带有一定文化和商品的属性,这样推广起来更容易一些。因为我们目前对于传承人或者学员,最后只是一个成果展示,主要还是以展览为主,只有输入没有输出,培养的学生最后也只是回家做做,这个价值没有体现出来。如果能有成熟的文创,我们可以考虑每年拨付固定经费,让专业

第三方去运作，承担设计、制作等，当然他们也需要自己市场化运行，这样可能会有一个良性的循环。

核心的部分可以由传承人来进行创意设计和手工开模，之后可以采用部分机械生产，这样雕刻成本低，方便量产。主要在原件的设计创意上下足功夫。对于原件我们可以拍摄照片，做好保存和记录，用作宣传和展示，让大众了解原件的技法、艺术特色等等。而其他产品化的摆件可以尝试3D打印，将原件的造型模仿出来；或者采用其他性价比高一点的木材，甚至合成材料来进行机械操作。只要原件是传承人创作的，体现了海派精髓，看得出是海派黄杨木雕的内容，这些批量生产的衍生品是具有很高的文化附加值的。

这个想法其实从2018年就有了，那时是因为参加进博会。我们徐汇区的非遗项目挺多的，中国结、剪纸、盘扣等等，他们都有商品化的内容，但是黄杨木雕反倒没有。一些专业老师也提起过，以前在南京路上有上海土特产专柜，里面就有黄杨木雕的产品，只是后来没有了。一听这个事情，我就想，原来黄杨木雕是有商品价值的，以前我们只知道它有艺术价值、收藏和展示的价值，但是作为商品去流通，是没有想到过的。所以我们觉得好像是可以做点东西的，作为一种文创产品，用于推广宣传。

因为我本身是美术专业出身，当时也想了一些形式。比如针对青少年的可以进校园宣传的黄杨木雕模型，类似"挖化石"原理的玩具。这个也可以针对初级班用刀不熟练的学员或者年龄较小的孩子。在不用刀的情况下，让大家知道黄杨木雕的整个操作流程。设想模型外面是一整块方木包裹，需要一层一层地"削"掉，但是不需要用刀，可以是模拟的工具，然后再由方变圆，通过切面的找取，最后展现出作品的细节，外面的废料都挖掉以后露出里面完整的作品。这个作品可以是3D打印的"黄杨木雕"（成本相对低，也可量产复制），主要用作黄杨木雕的宣传和普及。木制玩具市面上很多，一些拼装的玩具、榫卯的玩具等等，都可以作为我们的参考。黄杨木雕的造型结构，特别是海派的题材，（单一的介绍）都蛮抽象的，仅仅靠平面的形式很难展示立体的效果。所以这类衍生产品，就是想解决立体呈现的问题，同时要把关键的技艺技法和雕刻流程通过这样的形式体现出来。当然这类文创产品售卖的属性会比较低，多是作为街道特色文化的纪念品发放，但还是会追求"海派"造型的精髓。如果这样的衍生品能够有比较大的影响，受到市场欢迎了，那我们再根据实际情况，看是否由第三方去进行操作。

再比如传统文化和社区文化结合的文创产品。其实万物皆可雕，只要有海派的特征，不管是技法上还是题材上，只要符合时代内容的，我觉得都可以尝试。像传统文化里面的生肖，就可以持续地创作系列内容。比如主体是立体的生肖形象，背景是我们社区一些代表性建筑，以插板的形式制作，作为不同的场景和背景，类似现在很多盲盒、手办。这样既把我们黄杨木雕的内容体现出来了，又和社区的地域特征结合起来了。我们当时选了几个点（街道特色）：上海植物园；我们片区的百年老校；还有我们的港口，因为我们这边近港，离黄浦江很近；包括徐汇滨江等等。这些都是很有标志性的地点，都是可以作为背景去做的。

如果是平面形式的，也可以用浮雕的技法来创作。这种形式又可以衍生出书签，或者木牌等等。我们也希望将黄杨木雕和现在年轻人比较关注的文化联合起来，比如香文化，能否用黄杨木雕的形式创作一些香牌、香托、底座等等。这些东西实用性比较强，又能够体现出生活品质和品位。因为海派这个概念，我们的理解是，形式和内容上需要有创新，有与时俱进的内容。并且能够体现出大家对生活品质、仪式感的追求。另外一个思路是以实用的小件为主，比如笔架、笔套，文房四宝等等。因为我们长桥的书画也很有特色，这种小件它既有实用性，上面的图案又可以和我们社区的特色内容结合，比如"桥"，因为我们长桥有很多"桥"，还有一些地域特色的生态环境。笔架、镇纸，可以用黄杨木雕的技法，雕刻我们地域特色的小桥流水，比如以我们"清和桥"这个主题来创作。

我们希望设计制作这些衍生品、小摆件还有一个原因，就是重温、传递海派的精致。我从小在上海长大，对于"海派"有一些自己的想法。从我的理解来说，上海人其实活得还挺精致的。这个精致倒不一定说就是贵，它可以是便宜的，但是要有一点格调的。所以如果有人愿意去花钱买这样的东西，那么除了看重它的造型和实用性以外，可能更希望它能够让我的生活显得更有质量，有腔调，就是这种感觉。这或许也和徐宝庆老师当年开创海派黄杨木雕的风格是一致的，能传递出一种细腻温情的，幽默风趣的，精致玲珑的感觉，充满了观察生活的乐趣。

编者：在数字化、智能化的时代背景下，对海派黄杨木雕未来发展还有哪些设想？街道作为保护单位的最大作用和优势是什么？

胡寅蛟：长桥街道作为保护单位，最重要的一点是我们最大程度地用到了我们的资源去提供给非遗项目，而且并不是把专项资金拨付了就结束了，我们不是不管不顾的，我们街道是全程都参与的，我们出钱出人，还要帮着做宣传，把街道能链接到的资源都对接到项目宣传上，后续还要做很多工作的思考，这些全都是我们长桥街道自己在做的事情。当然我们也很期待合适的第三方，毕竟专业的事情还是要交给专业的人做。

但是传承人的加入，也是专业力量，也能算第三方力量的介入。其实我们长桥模式的一个重要经验还是借助三方的力量，不是（政府－项目）点对点的，不是只针对这个项目，而是我们街道、专家（专业力量）和项目一起，三个方面一起去推。单靠政府没有这个能力，也不够专业，所以我们必须借助专业力量去做，所以才会有了这样的一个模式。从我们的理解来说，政府的作用，大部分都是做链接的，不光是非遗保护，在很多领域都是这样。做到多元化的链接，形成一个良性的发展。比如我们后续非遗文创的设想，如果能够链接到一些好的社会资源、企业，我们保护单位可以开放（项目）最核心的东西给大家，因为有的东西（作品、资源、传承人等）不是平时市面上能看到的。

说到专业人才，包括我们现在的招生，也和过去有一些不同。我们有一个青年训练营，黄杨木雕这一期的培训班是开在青年训练营里面的，招的全部都是年轻的，40岁以下的学员。里面有一个学员是企业老总，专门做传统文化的，他觉得黄杨木雕是有宣传点的，以后是不是能够做产品，或者是作为和传统文化有关联的一些东西，他其实是想来了解这些方面，当然他本来也喜欢这个项目；还有学员是我们辖区内学校的老师，老师理解能力强，他做这个东西就上手比较快；还有一些原来做过工人，对车床、机械比较熟悉，动手能力就很强。现在的学员构成不像以前，（辖区过去）大部分都是工人，本身没有很高的学识，只会一种技术比较单一。但现在的人群构成很丰富，他们从外表都看不出来，可能就是企业老总，也可能是很资深的专业型人才，那么他们来了之后，带了自己的专业领域，加入到这个项目，就会有不同的内容出来。

如果后面有更多社区里的专业人才加入到我们的班级来学习，其实就是一个很好的链接。对于政府来讲，我们原来的初衷只是想吸引更多人来参加，但没想到我们吸引了很多专业人才来参加，这就是一个"一加一大于二"的内容了。当然我们现在只是公益的传承班，并不是为了拉赞助或者奔着盈利去的，有些东西只能慢慢做，边做边看。关于吸引更多专业人才，整合更多社会资源，这个可能也算是我们社区基层去保护传承项目的后面的一个内容，也是一个方向。

当然这些都是想得比较远了，但如果这样的人才汇聚得比较多的话，其实是可以组织一些命题创意任务，跨界合作。因为有的人可能是走市场的，更了解市场的需求，包括一些流行的趋势，大家可以群策群力跨界合作，效果可能会比保护单位自己去设计更好。我们或许以后可以尝试申请做一个新项目，以命题的形式去做一些文创产品，每年做一个杯赛或者是征集设计，让学员们出一些东西。有一些跨界创意的合作。当然我们提供的是核心的东西，因为我们的传承人承载的是黄杨木雕最核心的艺术、技艺精髓，即使创意设计过程中，我们首先要强调核心不能变，然后再把外延的一些东西交给我们培训班的学员们去做创意，大家一起来头脑风暴做这个事情。因为大家资源不一样，可能就会出一些成果。

如果我们后面真的是有一定输出量的话，学员们有了作品，有了曝光率，后面我们就可以通过这些作品去宣传，去做作品相关的东西。如果有一些很好的雕刻出来的原创形象，我们甚至还可以去做定格动画。黄杨木雕本来就是从一整块木材变成一个很精致的东西，把这个过程做成定格动画短片，也很有意思。只要有专业团队的协助，因为想法已经有了，剩下的就是专业力量的支撑。以前上海美术电影制片厂有水墨动画，我们黄杨木雕也可以用木雕以定格动画的形式，把这个木雕形象作为主角，衍生出一系列故事，比如遭遇了什么困难，最终又被匠人修复等等，这可以形成一个IP，后面有很大的可能性。

如果真的能够走出这样一条路，我觉得很好，对于项目基本上就盘活了，至于之后怎么制约怎么发展，那是后面再探讨的事情。

章后记：

海派黄杨木雕是凝聚着上海品质和上海精神的传统美术代表性非遗项目，它有更高的技艺要求和更关注生活的人文视角，特色鲜明，精品众多，创造的审美意境和题材风格是超前与跨时代的，这是每一代从业者不断打磨、勇于突破积累而成。当新时代数字化技术革新对手工雕刻技艺发起挑战，对传统工艺美术行业造成巨大冲击之时，非遗的精品价值、文化内蕴、人文特质一定是其区别于一众工业产品、流水线作品的最大竞争力。对核心技艺的保护传承，对海派风格的延续与深耕，是当代海派黄杨木雕得以魅力重现的基础。当然，随着时代的发展，非遗从文化事业性的抢救与保护走向活化与利用，甚至对接更广阔的多元的文化产业，会需要更多专业的力量支撑。

正如上海黄杨木雕70届学员、上海工艺美术博物馆原馆长陈毓其所说:"无论是'高端定制'的收藏品、艺术品,还是文创方向的产品化生产,都是合理的,也是互相依托的。首先,传统工艺美术的传承,需要精品的积累,这是每一代传承人通过大量的作品创作奠定的基石。后人通过历代精品来了解这个门类,其魅力和价值以此展现和传递。这也是相关文创、衍生品的文化附加值所在,这是非遗文创应该区别于其他流水线产品的最重要的一点。……其次,文创方向的产业化生产,也是保护发展传统工艺美术的一个重要方面。它和精品创作不是对立的,而是促进普及和推广该项目的重要方式。它的形式可以更多元,也能够更快地反映时代热点,甚至引领风尚。"①

面对未来的挑战和未知的机遇,海派黄杨木雕的经典魅力必能得到更好的呈现和展示,但传承之路也将更加艰巨。传承人除了技艺基础以外,还要具备更强的综合能力与素养;对于项目本身的发展,需要链接的资源也更加庞杂,已不再是个人和单个机构能够完成的了。

---

① 陈毓其:《构筑工艺美术的金字塔——工艺美术队伍的塔形结构与利弊》,《上海工艺美术》2018年第3期,第27页。

第四章 实践：流程略述

一、雕刻刀的选择和制作

木雕用的雕刻刀有五类：平口刀、圆口刀、斜口刀、月剜刀、三角刀等。圆口刀有正口和反口两种还有一种无角圆刀；斜口刀也有左斜口和右斜口两种。翁管凿最宽的有 4 到 6 厘米，小型雕刻选择 3 厘米以内的即可。自制钢丝凿最宽的 1.5 厘米，最窄的只有针尖那么一点点。

木雕刀具现成可买的是翁管雕刻刀，东阳产的雕刻刀在黄杨木雕当中可以作为修光刀使用，其中包括三角刀，因为它是针对椴木的，椴木比黄杨木软，所以刀口比较薄，在黄杨木打坯使用中容易断裂爆口，所以打坯的大口平刀和圆刀要选用浙江柳市产的翁管打坯刀。除打坯刀以外，上海的修光刀大都是从艺者自己用弹簧钢丝制作的。自制刀具，不仅能提高工作效率，也能更趁手地雕刻出具有自己艺术风格的作品，行刀运凿更清晰流畅，增加作品的艺术表现力。

实践：流程略述

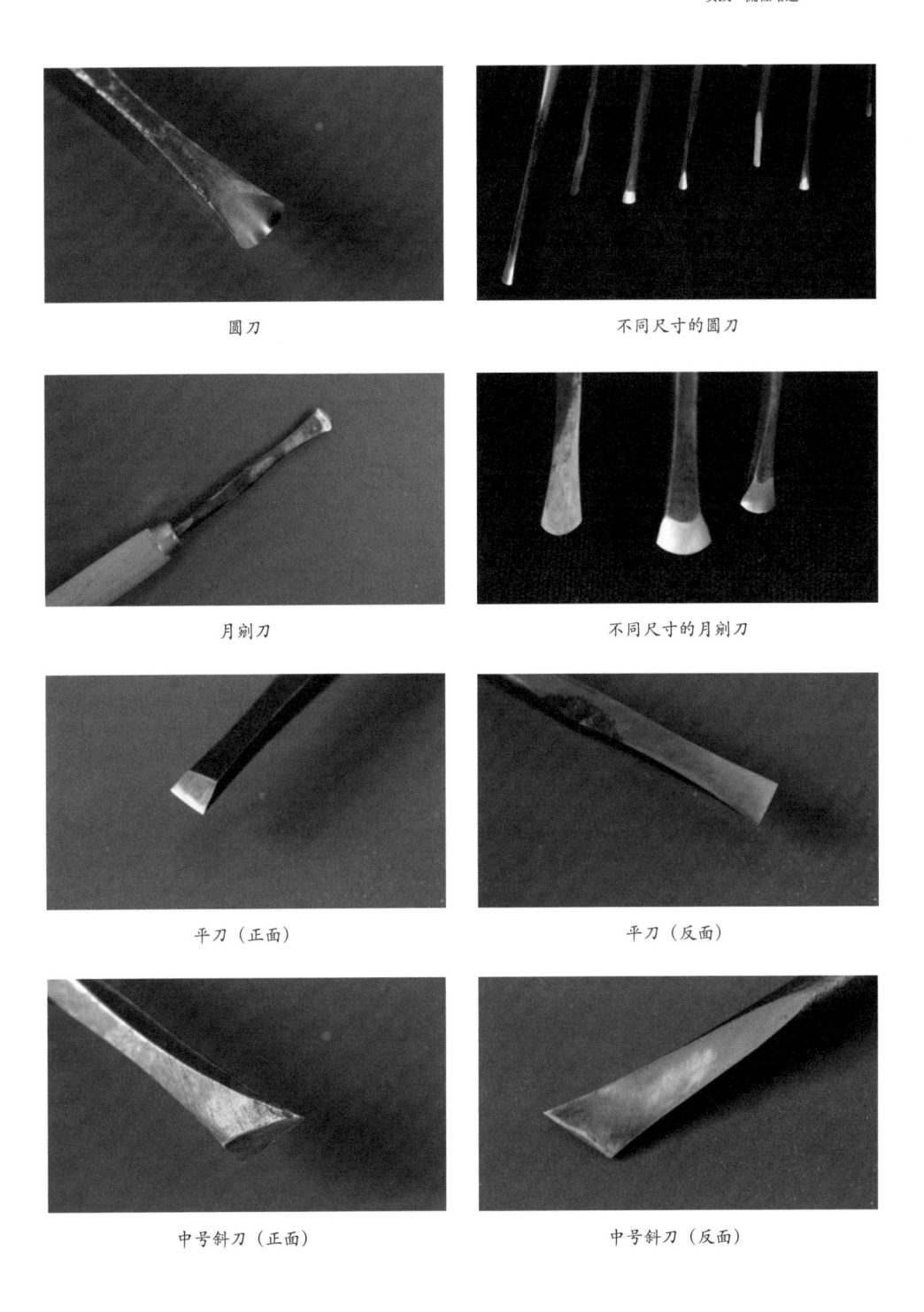

圆刀

不同尺寸的圆刀

月剜刀

不同尺寸的月剜刀

平刀（正面）

平刀（反面）

中号斜刀（正面）

中号斜刀（反面）

（一）选购雕刻刀的材料钢

制作雕刻刀的材料钢，须具有足够的硬度和韧性，还要有足够的淬透性。高碳钢中选用含碳量低的，因为可以直接锻打之后进行淬火，淬火后有足够的韧性和硬度。另一种低碳弹簧钢，抗淬火开裂能力强，强韧性匹配好。根据经验，以上两种材料我们可以选用线材，这对个人制作者来说，更容易加工。直径1毫米到5毫米都是做小型雕刻刀比较合适的材料。

（二）加工工具

加工线型钢材，必备工具包括：台虎钳、老虎钳、铁砧、榔头、丁烷气卡式喷火枪一套、什锦锉一套、砂轮机或板锉。

台虎钳 　　　　　老虎钳 　　　　　榔头

喷火枪 　　　　　砂轮机 　　　　　磨刀石

（三）雕刻刀的制作方法

1. 截断。以弹簧钢线材为例，首先，把钢丝材料退火，再截断成八厘米左右的长度，用大力钳夹断即可。

2. 钢材退火。方法是用老虎钳夹住钢材一端，用丁烷气卡式喷火枪对另一端加热，烧到红白色，放在铁砧上对烧红的部位用铁锤敲扁，直径1毫米的线材只要把烧红的钢丝敲直即可；直径2到3毫米的需要把烧红的一端敲扁到厚度1.5到1.8毫米左右；直径4毫米的，敲扁成厚度2.5毫米左右；直径5毫米的，敲扁成厚度2到3毫米。趁钢条温度还高的时候，顺带将整根钢条敲直，然后让钢条自然冷却，即达到了塑造和退火的作用。

钢材加热（实践：常俊杰） 　　钢材加热（实践：常俊杰） 　　敲打钢条（实践：常俊杰）

3. 装木柄。在木柄中心打洞，先用小于钢丝直径的钻头打洞，深度约3到4厘米，然后再用比钢丝直径略大的钻头把洞扩大，深度约1.5到2厘米。再用老虎钳夹住钢丝尾端装入洞孔，用榔头轻敲固定。刀柄用铁箍或铜箍固定更好，以免木柄装刀部分胀裂。

装刀柄（实践：陈华明）

4. 淬火。淬火有水淬、油淬等两种方法，目的是使刀刃更加坚韧。水淬相对简单，碗里装大半碗水就行。用卡式喷枪对准刃口约1厘米的位置加热，直到钢材红

加热刀刃，观察颜色（实践：常俊杰）

淬火（实践：常俊杰）

砂轮打磨（实践：陈华明）

砂轮打磨（实践：陈华明）

到发白的时候，迅速把刀刃部分（约5毫米）浸入水中，当看到刃口前部迅速变暗时，及时收手拿出来观察，这时它会依次出现白、黄、红、蓝的颜色，当刀刃由白变黄的时候，迅速把刀刃部分（约1厘米）浸入水中固定黄火，过几秒以后再把钢丝全部浸入水中，时间长短看钢丝粗细。民间把这样淬火称为"捉火候"，火候到起锅菜才好吃，火候过了或不足都不行。白色钢就是火过硬，易爆口，俗称老白火；红火过软，磨不出锋口，没有达到淬火的目的；黄火能使刀的刃口既有硬度也有韧性，是最理想的。这样淬火，除了刃口的1厘米以外，其余部分没有淬火，便保持了钢丝的韧性，在用雕刻刀时可以用掘和挖这种具有杠杆性的操作动作，钢丝刀不会断，更方便使用。

5.磨刀。我国地域广阔，以前各地磨刀都是就地取材，多采用页岩、粉砂岩、砂岩等制作。现在也有人造磨刀石，多是青砖和油石。青砖在使用时必须边磨边加水，需要随时把磨下来的泥浆抹掉，用青砖磨刀粗细相宜很实用。现在较容易买到的是油石，有绿碳化硅、白刚玉、碳化硼、棕刚玉、红宝石、玛瑙等等。这类磨刀石最粗的120目，最细的可以到3000目。

可以准备粗细不同的油石，粗油石用于开刃口或者修理爆口的刀刃，细油石用于磨锋口。磨刀动作是前推后拉的循环动作，手势一定要保持刀的斜面角度，尤其注意不要在一条线上推拉磨刀，要让刀走遍磨刀石的表面，否则会把油石局部磨损而形成凹槽。

磨宽大的刀，必须使用双手，以保证刀的平均受力，达到平整的目的。磨圆刀正面时，左手拿石片后下端，右手拿雕刻刀，将刀的凹槽放在石片的凸面上，保持角度平稳，来回推磨，加上必要的左右转动，以保证圆刀的面可以均匀磨到。磨圆刀背面时，必须把刀放平，这样刀锋才锋利。这与磨反圆刀背面是不同的。反圆刀背面有一个角度，必须保持这个角度与正面的刀口弧度一致才是正确的。

油石磨刀（实践：陈华明）

前推后拉式磨刀（实践：陈华明）

6.检验。"一看二摸"是检验刀是否磨好的基本方法。

"看"：先把刀竖起来，垂直看刀的锋口，如果看到一条白线，有两种可能：锋口正反两面没有交汇；两面已经交汇有锋刃，但是有点圈口，也就是刃口倒向一侧，也会看到一条白线。

"摸"：用大拇指摸正反面，感觉是否勾手。如果勾手，需要把刀继续在磨刀石上正反面磨一磨，直到手指摸着不再有勾手的感觉。

二、画稿

当一个创意形成后，需要反复构思，确定对象和主题，还需要考虑与之相关的陪衬物，这些都须在图稿中表现出来。雕刻所需要的图稿采用白描构图即可。

但要将二维平面的图稿变成三维的木雕作品，还需要具有空间想象力。同时在二维到三维的转化过程中，也能验证图稿是否可行，是否需要进一步修改完善。经过反复的审视，雕刻者会对自己的创作意图和表现的题

画稿（实践：侯志飞）

材有更深层次的理解，对之后的雕刻很有好处。

由于黄杨木材料珍贵，取件需要最大化保留木材，并在此基础上创作贴合的主题和造型，实现黄杨木价值的最大化。这就是所谓的"应料设计"，也是海派黄杨木雕的特色之一。

三、雕刻

黄杨木雕的雕刻步骤大致分为以下几步。

1. 制作粗坯

将图稿内容画到选好的材料上去，这一稿只需要外轮廓线画上去即可。然后将材料夹在台虎钳上，用粗锯锯掉不需要的部分。初学者或者涉及很复杂的造型时，可以先捏一个泥稿，有这样的参考之后的木雕准确性更高。因为泥稿可以加减，可以多次调整，而木雕一旦减掉就无法补上去了。粗坯锯好以后之前的线稿基本就没有了，需要再画一稿子，这一稿要比上一步具体，所有要表现的对象需要分几个块面予以确定，画好之后再用锯子锯下来。

打坯又称开毛坯、打荒、出坯，是木雕制作的第一步。木雕是脑力、体力并重的工作。打坯更是体力活。黄杨木干燥以后很硬，所以手工打坯各地程序相同，只是手法上不同。传统的浙江打坯用料凳把材料用绳子扣紧再进行打坯；福建则坐在地上把材料用双腿夹住打坯……而过去徐宝庆老师采用的方式是：材料放在大腿之间，腿上垫一块帆布。这样既方便，不需要其他辅助工具，

勾画轮廓（实践：侯志飞）

捏泥稿（实践：侯志飞）

打坯（实践：侯志飞）

又快捷,这种方式改变打坯角度很方便。最关键的是,这样用铁锤打坯时,铁锤敲在木柄上的声音不大,不会扰民。所以即使在市区人群聚集的居民楼里也适用。只要握刀的左手握紧毛坯刀的翁管部分,腕部紧靠黄杨木作为支点,刀刃不可留太长,这样就非常安全。

2. 凿毛坯

粗毛坯的块面确定以后,再用凿子凿去多余部分。出坯过程中如果有黑筋、蛀斑等问题,要随机应变尽量避开。如果实在避不开就需要适当改变造型进行调整。凿毛坯的步骤是从上到下,从前到后。先在正面打出倾向面,然后按照略放大的头部为单位画出轮廓。由前到后,由上至下,由外到内,这样的顺序即使遇到问题也有挽救的余地。

凿粗坯(实践:侯志飞)

3. 锉毛坯

粗坯出来以后,可以用粗齿的红木锉刀锉出要表现的块面和体积,并进一步明确相互的位置。如雕刻人物就可以锉出头部和身体各部位的比例关系和相应位置,以及衣纹和其他陪衬的内容。需要强调的是,雕刻是做减法,需要特别注意"内距"的问题,尤其是考虑到海派黄杨木雕是圆雕结合镂雕的精准技艺。两个块面之间的关系被称为"内距",内距宜小不宜大,因为刻掉的材料无法再添回去,这是与雕塑截然不同的地方。内距若一开始就大了,在进一步修整的过程中势必导致比例关系不协调、动作造型不准确,造成难以挽回的失误。

4. 矫正

矫正（实践：侯志飞）

掘正毛坯（实践：侯志飞）

刻画细部（实践：侯志飞）

矫正十分重要。要考虑作品的整体结构是否合理，人物动作重心是否正确，人体或动物的比例是否正确，结构是否能保证一定的牢度等。

5. 掘正毛坯

经过以上步骤，作品大形基本完成，要表现的内容也已到位。但还有很多锯、凿、锉处理不到的地方，这就需要用雕刻刀来掘去。一般会用到圆刀，用手掌握住刀柄成拳握式，以手掌的小指抵住毛坯，靠腕部的力量掘去多余部分。

6. 刻画细部

这一步实际是将前面加工时留下的凿斑逐步刻平理顺，将"脸相"开好，衣纹做出质感。使用雕刻刀的手法应该逐步练到稳、准、狠。稳，就是执刀稳重有力，切忌飘、浮；准，就是落刀准确到位，做到胸有成竹；狠，就是用刀干脆泼辣，刀法流畅，切忌拖泥带水犹豫不决。

7. 打磨

黄杨木素有"木中象牙"之称，最适宜精雕细刻，才能充分反映作者的创作灵感和寄托于作品的美好寓意。所以打磨是很关键的环节，尤其在传统的黄杨木雕作品制作过程中，打磨可以更加凸显黄杨木色泽纯净、光洁细腻的材质和媲美象牙的质感。打磨不是用砂皮磨光就可以了，一般作品要仔细打磨到位，才能形神兼备，传递出最佳的艺术效果。有的作品只需要打磨某个或几个部位，强调突出出来，增强作品的层次感，主题更鲜明，作品更耐看。即使现在个别作品为了追求艺术效果，故意保留凿痕和粗糙面以表现特殊的创作思路，但打磨的工序依旧是不可缺少的。

打磨需要耐心和仔细，如果图快，就可能把原来雕刻好的东西给毁了。打磨也要讲究手势：砂纸紧贴在要打磨的部位，顺势依次打磨，有些细微处或有凹痕的地方，可以借用竹棒、竹片将砂纸裹住再进行打磨。

先用粗砂纸将高低不平的凿斑磨平，再用细纸细磨，最后用超细砂纸再打磨一遍。需要注意的是，有些部位需要"接气"，要一气呵成，必须顺势一鼓作气打磨下来，这样作品呈现的效果会更好。

打磨（实践：侯志飞）

8. 配底座

底座看起来不起眼，却也很重要。作品和底座可以起到互补的作用，一件好的作品配上大小、高低、造型、色泽都适合的底座，更能彰显作品的美感。须注意的是底座与作品大小要协调，整件作品才能更有稳重感；作品与底座的高低比例关系，虽没有绝对，但应感觉出比例恰当；底座造型根据作品内容来确定，无论是素的还是镂雕的，都要简洁大方、线条流畅，切忌太过繁琐喧宾夺主。至于色泽，黄杨木雕习惯上适合配红木色底座，深浅看个人喜好。底座的材质不一定强求红木，只要木质坚硬，木纹比较细密不易开裂即可。

四、小专题：用刀技法

凿法：凿法用在打坯上，左手紧握刀的翁管，手腕必须靠在材料上作为支撑，右手拿铁锤敲打刀柄末端。

凿法（实践：陈华明）

掘法（实践：陈华明）

印刻（平刀）雕刻纹样线条（实践：陈华明）

印刻（平刀）（实践：陈华明）

打坯可用平刀，也可用圆刀，主要是把大型打出来。

凿毛坯时，刀与料之间的角度要保持在 20 到 30 度之间，角度太大吃木太深容易窝刀（即刀前端深埋木材里拔不出来，窝刀很容易造成刀刃损坏）。挥锤时握刀的手要随之外推与其配合，这样更容易豁开木片。

掘法：作品造型若结构复杂，尤其是比较小的复杂团块，可以用掘的方法进一步做出细毛坯，雕刻刀以横丝流方向用刀，比较省力。

掘的手法执刀用拳式，将刀紧握拳中，腕部靠近毛坯做支撑点，掌、指为半径，用圆刀掘出各部位的大概形态。开始用大一点的圆刀，再用小一点的圆刀掘出细部，甚至脸部的细节和表情。圆刀掘也基本是横向进刀，圆刀的刀刃可以刻出高低起伏，给之后的雕刻留有余地。

铲法：造型大、长度高的作品，毛坯阶段完成后，可以用铲的方法矫正坯体和细化处理。铲法可用长柄的圆口刀，也可用长柄的平口刀。把刀柄末端顶在肩窝处，手握住翁管，用腰部的力量往前推，这样力量大，吃木深，速度快。

印刻法：印刻的刀法可以雕刻凹进去的线条，所以也称为阴刻法。比如眼球部分就是印的方法。印刻法是把刀刃垂直往下摁，深浅角度根据表现需要来。然后根据摁下的线为基准，再从一侧斜一点刻入，落刀处与基准线重合，留住这个刃口形状，就是印的基本刀法。比如眼睛的上眼睑和双眼皮、耳朵的耳廓等，都是这种刀法完成的。还有人物身上的装饰图案，比如缠枝莲、云纹、回纹等。圆刀和平刀结合用。如果只是刻单独的阴文线条，可以用三角刀。

研转法：主要用月剜刀，执刀方式是三指一抵法，刀竖直起来，刀刃侧斜在作品上往前推进，用侧锋的弧凸刃口边行边进，有点磨刮的意思，所以称为"研"。在凸面上，一边推进一边顺时针方向转动，利用圆弧形的刃口，可以留下一条中间深两边浅很柔和有变化的凹形线条，在表现脸部皱纹时很有质感。

月剜刀研转法雕刻人物面部结构（实践：陈华明）

如果将月剜刀放平推进并转折，也可以雕刻衣纹等，这里不需要磨刮的手法。月剜刀不像平口刀那么板直，也不像圆刀那么深凹，适合在凸面起伏上使用。这种刀法，在雕刻毛发时可以发挥长处，三角刀在必要时也要加入进来，目的是更好地表现毛发的质感。

月剜刀研转法雕刻自然流畅的衣纹（实践：陈华明）

行刀要运转也可以用在斜口刀上，可以刻画人物嘴角处需要柔和处理的部分。斜口刀在这些部位使用时，也要竖起一定角度再推进并转动。斜口刀又分正手斜与反手斜，以适合左右两个方向使用。

修扦法：细坯做完以后，开始修光，用的手法就是修扦法。此时大小平圆各类刀具都用上了。修光不仅是把表面粗糙的刀痕削平、扦刻光洁，更是要修扦出整体形态和质感，是一个综合应用过程。平口刀可以根据雕刻面的角度使用正面和反面，圆刀也是如此。关键是"刀脚"要清楚。"刀脚"是行话，就是要求两刀的交合点必须在一样的深度，在同一个点或一条线上交汇，不能拖泥带水产生木纤维残留。

五、小专题：木材和丝流

海派黄杨木雕作品大多涉及人物雕刻。雕刻人物用的木材，必须木质紧密年轮色淡。木质疏松的材料可塑性差，无法雕刻，且容易腐朽。以黄杨木为例，用来雕刻的主要是树干和部分树根，尤其长相奇特的黄杨木树根是很好的根雕材料。

好的黄杨木材受光均匀，树干挺拔，色彩润黄。也有一些黄杨木朝阳的一面长得快，年轮较宽，朝阴的一面年轮较细，造成树心（髓心）偏北。黄杨木的边材和心材没有其他木材那样有明显差别，包括颜色上差异也不太大。但跟雕刻最相关的，是木料的"丝流"问题，也就是纹理结构。了解好丝流，可以更好地进行雕刻。

与树干方向平行用刀称为直丝流进刀；垂直树干方向左右行刀称为横丝流进刀；还有一种叫逆丝流行刀。

黄杨木雕在修光过程中，因为木质紧密，顺丝流行刀刻出来的刀痕是光洁的，而逆丝流行刀刻出来的刀痕没有亮光，这是黄杨木的树脂造成的。尤其在比较软的木材上，逆丝流更不能行刀，会导致木材产生逆裂。但在打坯过程中，黄杨木也无法承受大刀逆丝流劈入，这也会造成木材按着纹理走向豁裂。

雕刻圆柱体时，横向进刀比较保险，如图，顶头丝流进刀必须从外下方往里上方进刀，如果反方向就会造成反方向豁裂。行刀都是高处往低处走，如果低处往高处走，就是逆丝流。

六、小专题：衣褶

衣褶的出现，显示了人体结构的凹凸变化和动态，衣褶的线条是与人物造型密切相关的一部分。中国的雕刻与绘画有密切的关系，"书画一体"同样适用于雕刻者塑造衣褶。古代人物画有十八种笔法，称为"十八描"，古装人物木雕也借用这些方法雕刻衣纹。黄杨木雕中，用古法"丁头鼠尾"刻画衣纹的很多。

吴道子《八十七神仙卷人物》的"柳叶描"手法雕刻衣纹

丁头鼠尾描

进入现代，量体裁衣出现了紧身服装，衣褶就很短促，表现难度很高。这里简单总结一些常见的衣褶：

屈肘衣纹、风动衣纹、下垂衣纹、拉伸衣纹。

圆雕衣纹要注意各个角度的效果，来龙去脉要交代清楚。雕刻衣纹要注意人体解剖关系，不要因为雕刻衣纹而伤到人体结构。要将衣纹视为情态的表现，与作品主题结合起来，衣纹是经过作者主观组合与作品主题相吻合的一部分。

屈肘衣纹　　　　　　　　　　　拉伸衣纹

风动衣纹

下垂衣纹

七、小专题：收藏与保养

黄杨木雕作品，是案头欣赏、把玩的小型手工艺品、艺术品，能够增添艺术氛围、凸显个人品位。尤其是一件好的作品，还能够引领观赏者进入作品所描述的境界甚至整个情节，心随境转。再看时，又能对细部发起更仔细地研究和观察，越品越感觉作者的奇妙构思和精湛技艺，耐人寻味，久看不厌。

黄杨木作品的保存，需要避免阳光直射或太潮湿的环境。黄杨木质地坚韧，含有蜡质，就南方地区来讲，一年四季的温度、湿度变化对其影响不大；但在北方，如果空气相对干燥，需要在橱窗里放一杯清水保持湿度。如果配有射灯，长期开灯的话，也需要配置一杯清水，保持一定湿度。有些爱好者喜欢经常把玩、盘活作品，长期盘摸能使作品颜色更快地由黄色变成暗红色，直至栗壳色，同时作品的包浆也会随着时间的推移逐步形成，使作品更滋润更有灵气。

由于黄杨木自身的优质属性使得保养工作并不算复杂。而现在市面上为了追求更大价值，选用了一些酷似黄杨木的替代材料。这些材料粗看很像黄杨木，有重量，也有淡黄的颜色，质地也比较硬，但是依旧没有黄杨木紧密细腻，颜色也是黄中偏白。最重要的是，这类替代木材不含蜡质，尽管被打磨得很仔细，却依旧没有温润的感觉，而是枯白。最大的缺点是即使在室内，也经不起风吹易开裂。这对收藏有很大的影响，也需要仔细辨别。

图书在版编目（CIP）数据

雕琢人生：海派黄杨木雕传承人访谈录 / 华东师范大学中国非物质文化遗产保护研究中心主编. -- 上海：文汇出版社, 2025. 6. -- ISBN 978-7-5496-4393-6

Ⅰ. K825.72

中国国家版本馆CIP数据核字第2025MK0076号

雕琢人生
海派黄杨木雕传承人访谈录

主　　编 / 华东师范大学中国非物质文化遗产保护研究中心

策划编辑 / 钱　斌
责任编辑 / 陈　屹
助理编辑 / 简楚琳
装帧设计 / 艺　海

出版发行 / 文汇出版社
　　　　　　上海市威海路755号
　　　　　　（邮政编码200041）
经　　销 / 全国新华书店
印刷装订 / 上海颛辉印刷厂有限公司
版　　次 / 2025年6月第1版
印　　次 / 2025年6月第1次印刷
开　　本 / 720×1000　1/16
字　　数 / 224千
印　　张 / 14.25

ISBN 978-7-5496-4393-6
定　价 / 96.00元